「そ・わ・か」の法則

目次

「そ・わ・か」の法則

人生を輝かせる〝実践方程式〟

小林正観

サンマーク出版

第2章　そ・わ・かの「わ」――笑いは人生を肯定する

第3章　そ・わ・かの「か」――感謝のもつすごい力

第4章　そ・わ・かの実践——究極の欲深い人になろう

第5章　幸せのしくみ——心がすべてを決めている

第6章　人間関係のしくみ——夫婦も親子も魂を磨くための砥石

エピローグ——喜ばれる生き方が人生を輝かせる

ブックデザイン　中村善郎（Ｙｅｎ）
本文ＤＴＰ　山中　央
構成　キーツ・プロダクション
編集協力　乙部美帆／ＰＲＯコーポレーション
編集　斎藤竜哉（サンマーク出版）

プロローグ
神さまに好かれるための三つの法則

仏教の経典の一つに、有名な『般若心経』があります。六百巻に及ぶ『大般若経』のエッセンスともいわれる『般若心経』ですが、その最後の部分は「菩提娑婆訶《ボジソワカ》」です。この「娑婆訶」とは、「事が成る」「事が成就せり」という意味だそうです。

まったくの偶然ですが、私が長年「神が、人間の為す行為の中で好きなものはどんなものだろう」と思い、調べていたところ、「そ・わ・か」の三文字に行き着きました。「掃除」の「そ」、「笑い」の「わ」、「感謝」の「か」です。

人間の行いの中で、神が好むベスト・スリーが、この「そ・わ・か」らしいのです。これらの三つの行為を続けている人間を、どうも神さまが応援しているように思えます。

まず一つ目。神さまは「きれい好き」らしい。

「きれい」には三種類あって、「姿かたち」がきれいな人を神さまは支援・応援する。「姿かたち」には「立ち姿」「歩き姿」「座り姿」など、立ち居振る舞いも含まれるようです。必ずしも「顔」だけの問題ではありません。

二つ目は、心が美しい人。しかし、どういう人が心の美しい人かとなると、決めるのが難しい。命の危険もかえりみず、飛び込んで他人を救助する、などは明らかに「美しい心」ですが、そういうこと以外の「美しい心」の実践となると、基準がはっきりしないだけに難しいといえます。

さらに、三つ目は「水回り」や「身のまわり」をきれいにしている人。一つ目の「姿かたち」でも、二つ目の「心」でも勝負できないと思う人は、三つ目の「まわり」をきれいにすることで勝負できそうです。


あるホテルの経営者の話。

その宿に泊まったスポーツ選手が、部屋をとてもきれいにして出ていったときには、よい成績を残すのだとか。

逆に、同じ選手が、いつになく部屋をきれいにせずに荒れた状態で出ていったときは、成績がふるわないのだそうです。

成績がよかった翌日に部屋がきれいだった、というのなら、「気分がよかった」ので「部屋をきれいに使った」という因果関係になります。しかし、この話は、「きれいにして出ていったときはよい成績」で、「神が味方をしてくれたらしい」ということになるのです。

「だいたい、一流選手ほど、部屋がきれいですね」と、その経営者は言っていました。

「そ・わ・か」の二番目は「笑い」です。

「笑い」とは何でしょうか。それは、肯定すること、受け入れること、共鳴、共感することなのです。

ですから、「笑顔」や「笑い声」というのは、宇宙や地球や神の為した行為（いろいろな出来事や現象、事件など）を、〝肯定的〟に受け止めた、ということにほかならないのです。

ダジャレやジョークで笑う、というのは、そのジョークを肯定的に〝受け入れた〟ということです。笑える人は肯定的な人、受け入れられる人、明るい人です。

「そ・わ・か」の三番目は「感謝」です。

「ありがとう」の言葉を言っているだけでいろいろな奇跡が起こるようです。「ありがとう」の語源は「有り難し」。人の力ではできないこと、成就しにくいことが成されたとき、「あり得ないこと」（が起きた）というので「有り難し」と言いました。もともとは、神に対してのみ使われてきた言葉です。

「有り難し」「ありがとう」という言葉は、神をほめたたえる言葉、神に対しての感謝の言葉でした。ですから、それを言われつづけたら、神さまもその人に対して好意的になるのではないでしょうか。

結局、「感謝」だけでも神さまを味方につけることができ、支援・応援をいただけそうなのですが、それに加えて「掃除」と「笑い」（現象に対する肯定）が加わるのです。神さまが強い味方になってくれそうではありませんか。

「とりあえず、すぐにとりかかれる幸せを呼ぶ方法」を求めている人は、何も考えずに「そ・わ・か」の実践をされることを勧めます。

この「そ・わ・か」の実践には、素晴らしい共通項が二つあることをつけ加えておきましょう。

一つは、いつでも一人でできること。場所と時を選びません。仲間がいなくても、いつでも「実践」できるのです。

もう一つは、お金がかからないこと。掃除も笑いも感謝も、お金がかかりません。無料です。

だから、「なぜ?」などと考えている暇があったら、一分でも二分でも早く、「実践」したほうがよさそうです。やれば結果が生まれます。

「運は動より生ず」。これを「運動」と呼びました。「実践」が「結果」を生じるのです。

実践すれば必ず、楽しく面白い現象が生まれます。やってみて、ぜひ楽しい時間、楽しい日々を味わってみてください。

第1章

そ・わ・かの「そ」

――掃除でお金が流れ込む

注目を浴びはじめた「トイレ掃除」の不思議な効果

「トイレ掃除」について最初に文章を書いたのは一九九七年だったと思います。

「トイレのふたをしているとなぜか臨時収入がある。ただし、ふたの問題ではなく、ふたをする前に『きれいにする』『トイレをピカピカに磨く』という作業を全員がしていたので、きれいにすることで臨時収入があるかもしれない」という趣旨の文章でした。

私は、このような目に見えない宇宙の法則をずっと観察・研究してきましたが、ある現象が事実かどうかを確認したいときには、身のまわりにいる百人の友人や知人に話してみます。そしてその人たちが「この話は本当だ」「真実だ」と言ってくれたら、多くの人に伝えるようにしてきました。

一方、少しでも「そんなことはない」「おかしい」という声があったら、それはしゃべらないようにしてきたのです。

トイレ掃除をすると、お金が入ってくる、というこの話も、どうやら真実だと確信がもてるようになったので、人前で話したり、文章に書くようになったのです。

そんなふうに話したり書いたりしているうちに、世間でも「トイレ掃除」が脚光を浴びるようになってきました。

特に二〇〇六年に入ってからは、前年に比べて「トイレ掃除用品」の売り上げが飛躍的にのびたそうです。

「トイレ掃除」に注目が集まって、いろいろなことがわかってきました。たくさんの人が、実は「トイレ掃除」を以前よりやっていたことが明らかになってきたのです。

代表格は、北野武さん。やることなすことがすべて大あたりです。若い頃から、ずっとトイレ掃除を続けてきました。他にも、歌手の和田アキ子さん、郷ひろみさん、元横綱で今は料理店経営に才能を発揮している花田勝さん、料理研究家の平野レミさん、野球監督の星野仙一さん。また、女優の高樹沙耶さんや坂下千里子さん、ミュージシャンのサンプラザ中野さん、宝くじを総額五億円も当てている上坂元祐さん、などが、トイレ掃除をしているとのこと。

どの方も、分野は違っても活躍されている方ばかりです。この方々以外にも、多くのファンに支持されて長く人気を保っている人、宇宙から後押しされているように思える芸能人や著名人が、トイレ掃除を続けてきていると話しているのです。

お金の流れを止める心のゴミを取り除く

幸せというと、精神的なことよりも、実際にお金が入ってくるほうがうれしい、という人がほとんどかもしれませんので、無限にお金が入ってくる方法をお教えします。

無限にお金が入ってくる方法は、三秒で言うことができます。

それは、トイレ掃除をすること。トイレ掃除を続けていると、お金が無限に入ってきます。

どんどん入ってくるのですが、この言葉をもう一度反芻《はんすう》してみてください。

「無限にお金が入ってくる」とは言いましたが、「無限にお金が貯《た》まる」とは言っていません。

貯めようとした瞬間にダメになるようです。この宇宙の法則はとても面白い。お金を無限に宇宙からいただいて無限に使っていると、無限に入ってくるのですが、貯め込もうとすると貯まらない。

実は、今、生きていて、生活しているというのは、無限にお金が入ってきているからです。世の中に、「私の人生はついていなかった。恵まれていなかった」と言う人がいますが、これまで生きてきたこと自体が、とても恵まれていたと思います。

「私の人生は、ついていなかった」と言う人は、今、生きていること自体がついているということにもっと目を向けるほうがよいでしょう。たぶん生きていること自体が奇跡の連続なのですから。

この、お金が入ってくるしくみとは、どうなっているのか。たとえていうと、次のようなことだと思われます。

ダム湖があって、そこから導管を通って水が流れてきます。このダム湖が私たちにとってのエネルギーです。エネルギーとは、私たちを元気にしてくれるものです。

それは愛情であったり、友情であったり、優しさであったり、温かさであったり、おいしいものであったり、それからお金であったりと、人によっても違います。

「お金が入ってきても全然うれしくない」と言う人は、その人にとってお金はエネルギーではありません。

「お金がたくさん入ってくると、元気になって楽しくなる。やる気になる」と言う人には、お金もその人にとってエネルギーになります。

優しさがたくさんあると元気になってやる気になる人は、優しさがその人にとってのエネルギーというわけです。

エネルギーはダム湖のように上にたまっています。ところが、そことつながるその導管にゴミがたまっているから水が流れ込んでこない。これを取り除けばいい。ゴミを取り除くだけでいいのです。

たまっているゴミは、「我欲」「執着」「こだわり」という三つ。この三つがあるから、流れ込んでくる無限のダム湖の水、すなわちエネルギーがブロックされているのです。「我欲」「執着」「こだわり」がゴミになっているので、「お金が欲しい」と思っている人には、なかなかお金が入ってきません。

「お金が入ってこないからこそ欲しいんじゃないか」と屁理屈を言う人がいますが、欲しがっているから入ってこない。それが「因果関係」らしいのです。

普通の人は、すぐお金が入ってくると思ってしまって、「念じなさい」とか「必死になって思えばそうなる」というような方向に行きがちですが、私の到達した結論はちょっと違います。

そのように念じて、必死になって「我欲」「執着」「こだわり」をかきたてるのではなく、それを捨てるほうがいいらしい。これが宇宙の法則。

「我欲」「執着」「こだわり」がなくなると、詰まっていた導管がきれいになって、お金が勝手にどんどん入ってくるようです。

でもくり返しますが、貯まりません。

「我欲」「執着」「こだわり」がないのだったら、お金が入ってきても貯めようと思わないでしょう。ゴミがないぶん、どんどん流れ込んで、どんどん流れ出ていきます。そして流れていくから、またどんどん入ってくるのです。

「それでは、全然自分が楽しくないのではないですか」と言われるかもしれませんが、とりあえず、他の人のところを通過するよりは、自分のところを通過してもらったほうが楽しいということです。

この「我欲」「執着」「こだわり」という精神的なゴミを取り去るためにはどうすればいいかというと、掃除をすること。

精神的な掃除ではありません。本当に掃除をするのです。

使ったトイレをとにかくピカピカにする

トイレ掃除に関していうと、自分の使ったトイレはきれいにして出てくること。自宅だけではなく、スーパーマーケットでも、デパートでも、電車の中でも、コンビニでも映画館でも、自分が入ったトイレが汚れていたら、一点の曇りもなく磨いて出てくる。そうするとなぜか、臨時収入があるらしいのです。

そういう話をしたあとのお茶会で、女性でしたが、こんなことを言った人がいます。

「一週間に一度は、きれいにできるんですけど、一週間に三回くらいしたほうがいいでしょうか」

私は、一週間に何回しなさいという話はしたことがありません。何回しなさいという話ではなくて、自分の使ったトイレは、一切の汚れを全部取って出てくること。それが、きれいにするということの意味です。

一週間に三回やったほうがいい、四回やったほうがいい、という回数の問題ではなくて、自分の使ったトイレの場所がどこであっても、必ずピカピカにして出てくること。そうすると臨時収入があるみたいですよという話をしています。

どうしてと聞かれても、よくわからないのですが、場所はどこであっても、自分の使ったトイレは、とにかくピカピカにして出てくるということを提案しています。

そんな話をして帰ろうとしたときに、今度は一人の男性がツツーッとそばに寄ってきて、私にこう言いました。

「さっきの一週間に一度のトイレの話、面白かったですね。一週間に一度しか掃除をしない人は、一週間に一回しか出ないいんじゃないでしょうか」

いいんです、わざわざそんなことを言いに来なくても。一週間に一度とか回数の問題ではなく、使ったトイレは、必ずきれいにして出てくるということですから。

また、男性の小のほうはどうすればいいんですか、とたずねてくる人がいますが、私は小のほうはまったくやりません。人に見られてしまうからです。

トイレ掃除はあまり人に見られながらしないほうがいいみたいです。

「右手がやっていることを左手に知られないようにしなさい」と聖書にもあるでしょう。トイレ掃除もなるべく隠れてやったほうがいいようです。人に見られないようにちゃんとドアを閉めてから、やってみてください。

きれいに使う人のところにお金は集まる

「トイレ掃除をしているとなぜかお金が入ってくる」という趣旨の文章を最初に発表したとき、その話が読者の方々にずいぶん面白がられたらしいので、同じような話をもう一つ書くことにしました。

政木和三さんはたくさんの発明をした日本の発明王です。電気炊飯器なども政木博士の考案によるもので、日本各地で講演をされたりしていましたから、名前をご存じの方も多いでしょう（すでに故人です）。

政木さんは、釣りというものをほとんどしたことがなかったそうです。

それが、あるとき、時間にゆとりがあって半日ほど、海釣りをすることになりました。

釣具屋さんに道具を借り、糸を垂れたのだそうです。

そうしたら、そのわずか半日ほどで、イシダイが八十四も釣れたのだとか。その釣果を持って道具を返しに行ったら、釣具屋の主人が驚きました。通常は、釣りに慣れている人でも、イシダイは一日に一匹か二匹しか釣れないのだそうです。

なのに、政木さんは素人なのに八十四も釣ったのでした。釣具屋の主人はこう言ったそうです。

「これはきっと、イシダイたちが、政木さんに釣り上げられることで光の国に連れていってもらえると思ったのでしょう」

イシダイのほとんどは人に釣り上げられることなく海で死に、海のモクズと消えます。人に釣り上げられ、その人に食べられることで、イシダイの細胞は、人の細胞に昇華する可能性があるのですが、その「人」を選んで釣り上げられているのかもしれません（ちなみに「昇華」とは、上の段階にエネルギーを変換すること。欲望や衝動を「芸術作品」に変換することなどを、心理学では「昇華」と呼びます）。

政木さんは多くの人たちに「喜ばれる存在」でした。多くの魚は、そういう「喜ばれ度」の高い人の細胞に「変換されたい」「昇華されたい」と願っていたのかもしれません。

その話から、こういう推測が湧《わ》きました。

「お金にも（物であるけれども）意識がある。それならお金自身の意志として、きれいに使ってくれる人、喜ばれる使い方をしてくれる人のところに、集まろうとするのではないか」

ある人の話では、お金に最も嫌われる使い方は、ギャンブルなのだそうです。

二番目は、ぜいたく華美。お金の多・少によって生活が変わること。

三番目は、不必要に〝貯め込む〟ことであるらしい。

お金自身は、「役に立ちたい」「喜ばれたい」と、いつも思っているのだとか。

そんな話が、「托鉢《たくはつ》」修行の誕生話と、結びつきました。

托鉢とは、修行僧が鉢を持って家々を回り、食べ物やお金をもらうことをいいます。

あるとき、お釈迦《しやか》さまが「托鉢」に行くことを提案しました。そのとき、次のように話をしたのだそうです。

「托鉢では、金持ちの家を回るのではなく、貧しい人々の家を回りなさい」と。

弟子たちは驚きました。そして、質問をしました。

「お師匠さまは間違えて言われたのですね。『金持ちの家ではなく、貧しい人々の家を回れ』というのは、『貧しい人々の家を回るのではなく、金持ちの家を回れ』の間違いですよね」

するとお釈迦さまは言われたそうです。

「そうではない。間違いではなく、正しく言ったのだ。もう一度言う。金持ちの家を回ってはならない、貧しい人々の家を回りなさい」

弟子たちは、

「どうしてですか」

と、お釈迦さまに説明を求めました。

するとお釈迦さまは、次のように説明をしたそうです。

「貧しい人々は、自分が貧しいと思いつづけてきて、他人に施しをすることや与えることをしてこなかった人が多いのだ。他人に施しをすることで容易に救われるのだから、救いに行ってあげなさい。そのための托鉢なのです」

この話を知って、私はとてもショックを受けました。

ある人から、こんな話を聞いたことがあったからです。

よく道や駅に托鉢僧が立っていますが、仮に私たちが〝喜捨《きしゃ》〟させていただいたとしましょう。托鉢椀の中に「チャリン」と五百円玉を入れたとします。

僧は、短いお経をムニャムニャと言い、軽く会釈し、鈴を鳴らします。

そうされたら、〝喜捨〟させていただいた私たちが、両手を合わせて「ありがとうございました」と言うのが正しい作法、正しい礼儀なのだそうです。

仏教では、〝喜捨〟とは私たちを〝貧しさ〟から救ってくれる、ありがたいシステムであるらしい。本来、私たちは遠いところ（お寺）まで〝喜捨〟に行くべきなのですが、それをわざわざ近くまで出かけてきてくれるわけですから、〝喜捨〟させていただいたらお礼を言うのが、正しいあり方なのだとか。

つまり、以下のような推論が導き出されるのです。

「人に喜ばれるような使い方」「多くの人の役に立つような使い方」をすると、お金自身が自らの意志で、その人のそばに来たがる。したがって、お金が集まる、らしい……。

集まったとしても「貯める」「使わない」というのでは、お金自身は悲しい思いをするらしいのです。

「世の中」や「多くの人」のために、「役に立つように使われること」が、お金が笑顔になり、スキップしながらやってくる条件ということになります。

自分だけがいい思いをするために「お金が必要」と念じても、なかなか集まらないようですが、「多くの人のために使いたい」と念ずれば、お金が自らの意志でどんどん集まってくるかもしれないのです。そして、集まってきたら「人の役に立つ」ように、使うこと。

お金が自ら笑顔でやってくるようになったら、人生がずいぶん楽しいものになりそうですね。

トイレ掃除をすれば自分のことが好きになる

トイレ掃除を続けていると臨時収入が入ってくるという話を、私はあちこちでしてきましたが、お金が入ってくるだけではなくて、心のメカニズムとして、非常に大きな幸せ感が得られるようです。

精神科の先生の話を聞く機会がよくあるのですが、今、うつ病がすごく多いそうです。精神科に来る大半の患者さんが、うつ病だそうです。

現在では、うつ病には治療薬があります。抗うつ剤といいます。これを飲みつづけている間は、明るい気分でいられる。ところが、やめたら、とたんにまた暗い気分に戻ってしまうらしい。

要するに、抗うつ剤を使って症状を改善しつづけるのは二十年でも三十年でもできるけれども、うつの病を根底から解決する、つまり、うつ病を治すということは精神科の先生でも、とても難しいそうなのです。

それほど大変な病気なのですが、ある年、一年間に十二人のうつ病の患者が私の前に現れました。「うつ病を治したいですか」とたずねると、「治したい」と言う人が八人いました(残りの四人は「治りたくない」と言うので、「そのままでいてください」とお話ししました)。

で、実は八人が八人とも全員、治ってしまいました。短い人は一週間、長い人でも三か月です。

その方法というのは、トイレ掃除をすることとでした。

これは私なりに興味があったので、そのメカニズムを考えてみました。で、こういうことではないかという推論に至りました。

自分で自分のことを好きになると、なぜか、うつ病が治るようなのです。うつ病の人は自分のことが嫌いになっているのかもしれません。

「私なんかこの世に生まれてこなければよかったのに」とか「なんで私はここにいるのだろう」などと思う心が、原因の一つではないかと思います。

でも、その原因なんて考えなくていいから、今日、ただ今この時から、自分を嫌う心、自分を否定する心をなくすのはどうでしょう。

人が自分で自分を好きになる重要なポイントは何かというと、自分のことを「けっこういいヤツじゃないか」と思えること。他人が嫌がることを進んでやることです。そういうことをやっていればやっているほど、人というのは、自分で自分のことが好きになるようです。

なので、トイレ掃除をすると、うつ病が治りやすいらしい。

その八人は、どうしてもうつ病から脱出したいと思っている人たちだったので、すぐトイレ掃除をやりはじめました。

で、八人が八人ともトイレ掃除をするときに、手をズボッと便器の底に突っ込んで掃除をしたそうです。そのズボッというのをやっていると、自分を好きになるのと同時に自我がなくなっていくようです。

さらにトイレ掃除は、誰かが覗《のぞ》いていることはないから、必ず自分一人の作業です。そうすると、人から評価されるためにやっているのではなく、自分がただひたすらやっているわけですから、そのピカピカにした作業の結果として、自分がとっても好きになるのではないでしょうか。

それは、次に使う人が気持ちよく使えるということで、喜ばれる存在になることの実践にもつながっています。

ある仏教の僧侶のお話なのですが、住職の資格を取るために二年間お寺で修行していたとき、一番重要視されたのがトイレ掃除だったそうです。とにかく「トイレ掃除を一生懸命やりなさい」と言われた。

「どうして、トイレ掃除にそんなに力を入れるんですか」と、その僧侶は聞いたそうです。そうしたら「自我を捨てるため」と言われた。トイレ掃除をすると、どうも自我がなくなるらしい。

この話を精神科の先生にお教えしたら、こんな答えが返ってきました。

「トイレ掃除をすると、うつ病が治るということは衝撃的な話だったけれども、自分で自分のことが好きになるという点では確かにそうですし、本当に治ると思います。で、今日、小林さんのお話を聞いて、ある方向性が見えました」

私が、「どんな方向性ですか」と聞きましたら、「診療所の待合室が二十畳ぐらいあるんですけど、これを全部小さく間仕切りして、トイレを二十個ぐらいつくろうかな」って言うのです。

「でも、そうしたら、みんな治ってしまうから、患者さんは来なくなりますよ」

はははは、と二人で大笑いしました。

トイレも自分自身もピッカピカに磨きはじめると、臨時収入とともに、今の自分が大好きになるという大きな幸福感も得られるようです。

七番目の神さまがトイレ担当になる理由

掃除するとはどういうことか。人間社会にたとえると、このようなことになる、と〝上のほうの方〟（「お蔭さま」）が教えてくれました。

それぞれの家には、七人の神さまがつくそうです。家が新築されると、この七人の神さまがダーッと走っていって、自分の担当する部屋を決めるらしいのです。

七人の神さまのうち、一番早く着いた神さまは、応接間が一番お金がかかっていて見栄えがよく、格好いいということで、応接間の担当になる。

二番目に着いた神さまは、二番目にお金がかかっていて見栄えがいい玄関を担当することになります。

三番目に着いた神さまは、次にお金がかかっていて見栄えがいいのは寝室と居間ですが、居間のほうが大きいテレビが置いてあったり、トロフィーが置いてあったりするので、居間を担当します。

四番目に着いた神さまは、残っているところでは、寝室が一番見栄えがいいので、寝室を担当します。

五番目、六番目、七番目に着いた神さまには、流し、洗面所・風呂、そしてトイレしか残っていません。

五番目に着いた神さまは、その水回り三か所の中で、「かまどの神」という言葉があるくらいですから、台所がこの中では一番格が高いということで、台所の神さまになります。

六番目に着いた神さまは、汚れたところを洗い流すという意味で、洗面所とお風呂を一人で担当します。

最後の七番目の神さまがたどり着いたときには、担当するところがトイレしか残っていないので、七番目の神さまは必ずトイレを担当することになります。

ところで、この七人の神さまが到着するときに、どうしてこれほど時間の差がつくのかというと、持ってくるものが違うからです。

一番目の神さまは、何も持たずに手ぶらで、脱兎《だっと》のごとく走ってきます。

二番目の神さまは、小さな紙袋くらいのお土産を持ってきます。

三番目の神さまは、セカンドバッグのようなものに、お土産を詰めてきます。

四番目の神さまは、小さなナップザックを背負って走ってきます。

五番目の神さまは、ちょっとしたリュックサックを持ってきます。

六番目の神さまは、リュックサックの中に大きな、ものすごいかたまりを入れてきます。

そして七番目の神さまは、山男が背負うような、背中が全部見えなくなるほどの大きなザックを背負っています。走ろうとしますが、どうしても速く走れないので七番目になってしまいます。

そのザックやリュックサックに何が入っているかというと、金銀財宝が入っているのです。その家に行って、みんなを裕福にしてあげようと思うのだそうです。

七番目の神さまは、とても心が優しく温かい方なので、一番大きなザックを背負っています。大汗をかきながら、走るどころかゆっくり一歩ずつしか歩めないので、やっと着いたときにはトイレしか残っていなかった……。

この神さまの名を「うすしま明王」といいます（「うすさま明王」とも呼びます）。

トイレに、「うすしま明王さま、ありがとうございます」と書いておくと、明王さまが〝やる気〟になってくださるようです。

また、この「うすしま明王さま」が〝やる気〟になりやすいトイレの真言というのがあります。この真言は、意味がわからなくてもいいから、とにかくその言葉を唱えることで勝手に現象が起きて、楽しいものになるらしいのです。

その真言は「おんくろだのう　うんじゃくそわか」といいます。

うすしま明王さまの名前を言って、「おんくろだのう　うんじゃくそわか　おんくろだのう　うんじゃくそわか」と唱えながらトイレ掃除をすると、なぜか臨時収入があります。

損得勘定でいい、面白がることが大事

「純粋な心でなく、損得勘定をしながらトイレ掃除をしてもいいのですか」と聞かれることもあります。

純粋な心でなくてかまわないと思います。損得勘定あり、下心あり、邪心あり、野心ありでもオーケー。「邪心」でもいいのですが、大事なのは「面白がること」。

何をするにしても、完全に純粋できれいな心になってしようというのは無理。きれいな心になるには百年、二百年かかるかもしれません。

それより、損得勘定が百パーセント、二百パーセントでもかまわないので、とにかくトイレ掃除をやってみることです。

流し、風呂・洗面所、トイレの水回りをきれいにすると、普通のリュックで金銀財宝を持ってきてくれた神さまを大事にすることになり、大きなリュックで金銀財宝を持ってきた神さまを大事にすることになり、さらには「かに族」ふうの、バカでかいザックを背負ってきた「うすしま明王さま」を大事にすることになるので、この三か所をきれいにしているとお金に困らなくなる、というのが「お蔭さま」からの話なのです。

十年ほど前から、このことを皆さんにお話しするとともに、私自身もトイレ掃除をやりはじめました。そうしたところ、一年くらいたったころから臨時収入が入りはじめ、だんだんとその金額も増えているような気がします。

私たちが汚れているると思っているところを掃除すると、「我欲」「執着」「こだわり」を取り去ることができるようです。透明な心になるとゴミがなくなって、上から勝手にお金が入ってくるという「お蔭さま」が教えてくれた現象が、実際に起きています。

トイレ掃除による臨時収入で、これまで聞いた中で一番多い方が五千万円。その次が二千八百万円、続いて一千六百万円……とたくさんの方々から臨時収入が入ってきたという報告を受けていますから、事実としてものすごく力があるようです。

もちろん、ふつう「トイレ掃除をしましょう」と言われた場合、人格的に精神的にレベルの高い人のほうが参加しやすいでしょう。心の中が邪心、下心に満ちあふれている人はなかなか参加しにくい。百パーセント純粋な心にならないといけないのではないか、と思ってしまう。

しかし、どうもそうではないようです。トイレ掃除の大切さは一緒なのですが「邪心、下心、損得勘定百パーセントでもかまわないから、とにかくトイレ掃除をやってみましょう」ということです。

そうすると、なぜか面白い人生に変わります。

なお、終わりにつけ加えておかねばなりません。

半年、一年、トイレ掃除を続けても、まったく臨時収入がなかった、まったく入ってこないじゃないか、と言ってくる人がいます。「やっても入ってこないじゃないか」と不平不満や文句を言う〝予定だった〟人には、何か月やっても臨時収入がないようなのです。

つまり、神さまはその人がトイレ掃除をすることで数か月後に文句を言うことをお見通しなのです。

トイレ掃除をした結果、「文句」が増えてしまった、それを不平不満にしてしまった、という人には、入ってこないようなので、注意してください

第2章

そ・わ・かの「わ」

——笑いは人生を肯定する

なんでも肯定するとき、「笑い」が生まれる

神が好む人間の行為ベスト・スリーは、「掃除」「笑い」「感謝」であるらしいというのが、「そ・わ・か」の法則です。神は掃除をする人が好き、笑顔や笑い声が好き、感謝する人が好き、らしいのです。

「掃除」と「感謝」は、いわゆる善行として、過去に他の偉い先生方もおっしゃっています。ここに「笑い」がランクインしてくるのは、実は「笑い」は「肯定」を意味しているからです。

たとえば、新婚の朝、初めて奥さんの素顔を見た、という場面を想像してください。

「面白い顔ー」

と笑った瞬間に、「受け入れた」ということです。怖い顔で「なんだその顔は」と言ったら、受け入れていないということです。

自分の子供が、学校の通信簿を持ってきたのを見たら、なんとオール一だった。

「きれいだねー」

と笑うことができたら、「受け入れた」ということです。

「笑い」とは、肯定であり、受け入れること。実は目の前の現象を起こしてくださっている地球や宇宙や神さまに対して、肯定したということです。

つまらないダジャレでも、笑える人は肯定できる人であり、笑えない人は否定した人。「肯定」とはイコール「喜ばれた」ということ。神さまは、喜ばれるとうれしくてやる気になって応援・支援をしようと思うみたいなので、肯定的な人にはどんどん味方をしてくれるようになるようです。

ですから、「恋人イナイ歴十年」などと言っていると、いつまでも素敵な異性は寄ってきません。ロクでもない人しか寄ってこないのです。二十世紀の文化として（特に日本では）、何でも控えめに言っているほうがいいというのがありました。それは一見「謙譲の美徳」にみえますが、実際のところは、あまりよい結果を生まないらしい。

ウソでもいいから「私にはカッコイイ彼氏が三十人いる」と言っていれば、それを乗り越える自信のある人だけが集まってきます。二十一世紀の文化は、「謙譲の美徳」とは違うところにあるようです。

同様に、いかに自分がついていないか、不運かを言っているとダメ。

これも、あまりまわりの人から受け入れられることはない。謙遜《けんそん》のつもりで言っていると、どんどん人間関係がつまらないものになっていきます。

「ついている」「恵まれている」と言っていると、心ある人が寄ってくる。あやかりたい、楽しそうだ、つきあいたい、とまわりの人は思うのではないでしょうか。

口から出てくる言葉が肯定的で、感謝に満ちていて、明るいものであると、まわりにも楽しい人たちが集まってくるのです。

「こんなにつらいことがあって、とても笑顔になんかなれません」と言ってくる人がいるのですが、宇宙の構造は逆。笑顔にならないから、愚痴《ぐち》、泣き言ばかり言っているから、愚痴や泣き言のタネばかり降ってくる。

そういう構造になっています。なにげなく言っている一言が、かなり重要。

この話を聞いて、「じゃあ、現象は何一つ変わっていないけど、これから愚痴や泣き言を言うのをやめよう」と決意した人が、今までに私のまわりに何百人もいます。その人たちは、愚痴を言わなくなったところから、現象が一変しました。生活が変わりました。

だから、これは気持ちの問題ではなくて、宇宙の法則らしいのです。

神さまは、つらいこと、悲しいことに対して、「つらい」「悲しい」と言っている人には、まったく応援・支援をしないみたいです。

喜んでいる人には、「そんなに喜ぶんだったら、もっと喜ばしちゃおう」と思うらしい。

「思うようにならない」と言っている人は、文句や愚痴を言うことによって、神さまから応援されにくいのかもしれません。

大笑いできる人は病気になりにくい

人間の体内では、毎日たくさんの細胞が新しい細胞に生まれ変わっています。ところが、なかには突然変異を起こして、おかしな細胞、いわゆるガン細胞がつくられてしまうことがあります。

健康な人でも、一日に五千個ものガン細胞がつくられているといわれています。

しかし、だからといって、すべての人がガンになるわけではありません。私たちの体の中にあるＮＫ細胞（ナチュラル・キラー細胞）が、ガン細胞をやっつけてくれるからです。

実は、笑いがこのNK細胞を活性化することが、さまざまな実験から明らかにされています。

ある医師が、ガンや心臓病の人を含む男女二十人ほどの血液を、三時間の漫才の舞台の前とあとに採血して調べ、その効果を調べました。

その結果は、驚くべきものでした。ガンに対する抵抗力を示す指標の一つ、NK細胞の活性が、開演前に比べ大笑いしたあとのほうが、はるかに改善していたのです。免疫力のバランスもよくなっていました。

この話は新聞にも取り上げられたので、ご存じの方も多いでしょう。

ところが、さらに実験を行ったところ、大笑いしたあとどころか、「なんばグランド花月」に入場するだけで、NK細胞が活性化したというのですから驚きです。

近代医学の最先端は「笑うこと」、なのです。

私の講演会に来て、一度も笑わない方がいらっしゃいます。笑ってくれなくても全然かまいませんが、その方たちは、損をしています。笑ったほうが自分にとって得です。「同じアホなら笑わにゃ損、損」なのです。

面白いジョークやシャレに対して笑う、というのは、笑いの初級者。

面白くなくても笑う。これが中級者です。

究極は、わけもわからずにとりあえず笑う。落語を聞きに行って、落ちがわからなくてもとにかく笑うこと。笑い終わってから隣の人に、「何がおかしいの？」と聞く。その隣の人も「私もよくわからないんだけど」と言うのが、上級者の会話です。

健康の秘訣は心と体を温かくすること

ヨーロッパのある町に、沼がありました。ここは、毎年、夏になると蚊がものすごくたくさん発生していた。しかも、その蚊はマラリアを運んでくる。毎年何十人もの住人がマラリアにかかっていたそうです。マラリアにかかると四〇度くらいの熱が出ます。手当が遅れると命にかかわることもあるおそろしい病気なので、その町では深刻な問題でした。

そこで住民たちは、自分たちでお金を出し合って、沼を埋め立てました。そうしたところ、マラリアにかかる人はいなくなったが、それまで少なかったガン患者が急増したというのです。

そこで、マラリアで高熱を発した人はガンになりにくい、という因果関係がわかりました。ガン細胞は四一度から四二度で死んでしまうらしいのです。

ガン細胞は、熱に弱いらしい。体温が上がって臓器が温まると、ガン細胞は生きていけないらしい。

このことから、体温を上げればガンになりにくいのではないか、ということがわかってきました。

人間の「体」の語源は「空魂」です。物体としての「体」は神さまからの貸衣装であり、その中に、「私」の魂がスポンと入っています。魂が入っている間は腐りませんが、魂が抜けると、腐りはじめます。つまり、物質としての「体」は、魂に従属しているのです。魂が「もう年だ」「これは毒」と思えば、体はそれに従います。

ということは、くだらないダジャレでも笑えるという「心の温かい人」は、魂が温かいので、体もそれに従ってガンが宿りにくい、という構造になっているのではないかと推測されます。笑わない人は心が寒いのかもしれません。笑わない人は損をしているのです。

くだらないジョークで笑えないのは、自分に浴びせられる善意や好意を、「ありがとう」と笑顔で受け入れられなくて、「いえいえ、いいです」と遠慮していることにほかならない。笑いのチャンスをくださっているのだから、「笑わなければ損」と考えて、笑ったほうがオトクです。要するに、心の中に「冷たさ」をもっている人は、体を壊していくようなのです。

そして、頼まれごとを断らないのも「温かさ」です。断らない人は病気になりにくいといえます。

結論として、肉体を温め、なおかつ精神的にも温かいほうがいい。本当に笑っていれば病気になりにくいという因果関係があるようです。

「温かくてやわらかい人になると、体が壊れにくい」という神のプログラムが体の中に入っているのかもしれません。

数字に追われると、ガン細胞をつくり出す

ガンの話をもう少し続けましょう。

ガンになりやすい人の共通項を探っていくと、ガンになりやすい職業があることがわか

ってきました。

ガンになりやすい仕事の上位三つ。第一位は、マスコミ関係者。放送や新聞などの関係者です。これらは、あと何秒という時間に追われる仕事です。あと何秒でしゃべらなくてはとか、いつまでに原稿を書いて入れなくてはいけないとか、ものすごく時間に追われている。これが第一位。

第二位が交通関係者。バスや電車を時間どおりに運行させなければ、という使命を背負っている人たちです。数秒をあらそって、時刻表どおりにバスや電車を動かさなくてはいけないのはもちろん、乗客とのトラブルや渋滞もストレスになるでしょう。

三番目の職業は、金融関係者。銀行マンや証券マン。決められたノルマに追われ、接待をこなし、そのうえ一瞬の相場の変動も見逃さないような緊張した時間が続きます。

で、この三つの職業に関係しているのは何かというと、どれも数字に追われ、数字を追いかけるということ。その数字を守らないと、自分の人生が根底からひっくり返るというようなところに身を置いています。

本来、数字というのは、人間が生活するにあたって、数を使いこなしたほうが便利だというところから考えられたものです。それがいつのまにか、自分の生活にかかわってきて、逆に人間を縛るようになってきた。そして、その数字を一生懸命、守らなければならないという状況にさらされている人ほど、どうもガンになりやすいようなのです。

だから、子供に向かって「なんでこんな点数をとってくるのよ。次は七十点以上とってこなくちゃダメよ」と数字を示したとたんに、子供にガン細胞を植えつけたかもしれません。数字を示さず抽象的に「もうちょっとがんばって」と言う程度はいいのでしょうが、数字を示したとたんに、子供にガン細胞を誕生させたかもしれないのです。

夫に向かって「給料がもうちょっと上がればいいわね」と、抽象的に言うのはいいですが、「この金額まで上げてちょうだい」などと言うと、夫はそれがストレスになって、ガン細胞をつくるかもしれません。

数字を追いかけ、追いかけられてという生活は、ガン細胞をつくる生活なのかもしれないのです。そういうことがわかると、人間の体のメカニズムがわかってきました。数字に動かされるような仕事では、よほど強い人でないかぎり、その体の中にガン細胞をつくっているかもしれない、ということです。

ガンにならないようにするには、とにかく笑うこと。笑ってストレスを解消することです。過度なストレスは免疫力を低下させてしまいます。

体は事実より認識によって変化する

次のような事実を皆さんが知ると、ちょっと人生観が変わるかもしれません。

催眠術をかけた人に、「この五円玉は熱いです。これからこの五円玉を腕に乗せます」と言いながら五円玉を乗せます。ところが、その五円玉は熱くはなく、普通の五円玉なのです。普通の五円玉を腕に乗せるのです。

催眠術にかけられた人が、普通の五円玉を肌につけられて、熱いですよと言われると、「ギャッ」と言って目が覚めます。「熱い！」と、目を覚ます。普通の五円玉をくっつけただけなのですが「いやあ、すごく熱かった」とその催眠術にかかっていた人は言います。あまりに熱かったり、生命の危険をともなったりすることが起きると、催眠術にかかっていた人は目をパッと開いて、催眠状態が一瞬にして解けます。

そして、五円玉を乗せてから一、二分すると、火ぶくれができます。普通の五円玉なのだから、熱くはない。熱かったと本人が認識しただけです。認識しただけなのに、なんと本当に火傷をしたかのように、水疱《すいほう》ができる。熱いものをつけたという「認識をした」だけで、体が変化してしまった。

人間の体は、事実に対して反応するのではなくて、「認識」に反応するようです。すべて自分がどう「認識」するか。「認識」が主人であって、それに対して体は百パーセント忠実に反応します。

たとえば、認知症という病気があります。認知症の人は、今日は暑いとか寒いとか、クーラーをつけてくれとか、暖房をつけてくれとかほとんど言いません。というのも、ほとんどそういうものを認識しないからです。認識力が相当低下しているのです。

人間の体は認識によって反応するようになっている。そのことがわかってくると、人間が肉体をコントロールするのは、そんなに難しいことではないということに気がつきます。

認識によって人間の体が成り立っているということを信じ、「今年の冬は風邪をひかないぞ、私の体は超合金だもんね」と思っていると風邪をひかない。鼻がムズムズする、ちょっとのどがいがらっぽい、といったときは、「私の体は超合金」と百回くらい言ってみてください。そうすると、体の内部がちょっと温まって、免疫力がアップします。

さらにさらに、人間の体は面白い。「私の体は超合金、私の体は細胞グー（サイボーグ）」という、この二つの「私」のところを「あなた」に変えて、他の人に言ってみてください。自分で自分の体に言い聞かせてもそれなりに反応があって、内臓が一度ぐらい温かくなりますが、目の前の人から言ってもらうと、体温がもっと上がります。そっちのほうが温まるのです。

ちょっと体の調子が悪いときに、子供や夫に、「あなたの体は超合金、あなたの体はサイボーグ」と言い合ってみると、ものすごく効果が高まります。笑顔で他人に言ってもらったほうがいい。自分でも朝晩言って、家族でも言い合えば、その家族はすごく丈夫になるかもしれません。

前にも述べましたが、内臓を温めておくとガンになりにくいらしい。江戸時代の人は体温が平均三七度くらいだったそうですが、今は、三六度くらいで、一度くらい下がっているといわれています。だから免疫力が低下しているぶん、体温を上げればよい。そのためには、こういう言葉をお互いに笑顔で言い合う。本当に相手のことを思いやりながら言っていると、体温が上がる。

もう一つ内臓の温度を上げる方法。それは「笑う」こと。笑うことはある種の体操でもあります。笑いは、心拍数を上げ血圧を上げて呼吸を盛んにし、酸素消費量を増やします。

これは体操したのと同じ状態です。

不機嫌に「つまんない」と言っていると、体温が上がらない。だから面白くないダジャレを聞いても、「面白い」と言うほうがよい。笑ったほうがいい。

笑いは、ジョギングなどのスポーツと違って誰でも簡単にできます。笑うことで健康が手に入るのです。

お金もかからず、こんなラクな方法は他にありません。

涙を流すことも免疫力を高める

「笑い」というものが大変体によく、免疫力を高めることを述べました。

ところが面白いことに、「泣く」ことも免疫力を高めることがわかってきました。「笑い」よりも、むしろ「泣く」のほうが、免疫力を高めるという点では上のようなのです。

もちろん、同じ「泣く」でも、悔し涙のような、ストレスをかきたてる涙はあまり体によくありませんが、感動して心が共鳴することで涙を流すのは、とてもよいようです。

『ラクダの涙』というドキュメンタリー映画がありました。

モンゴルの砂漠に暮らす遊牧民一家で飼われていたラクダが子供を出産。しかしその母ラクダは、初めての出産で難産で苦しんだショックからか、子ラクダの育児を拒否しています。子ラクダがお母さんを恋しがって走り寄っても無視。乳を飲もうとする子ラクダを蹴《け》っ飛ばしてしまう。そうして子ラクダはだんだん衰弱していきました。

そして、飼い主のモンゴル人老夫婦たちが、相談を始めます。大切な財産であるラクダを死なせるわけにはいきません。

「こうなったら、アレしかないか……」

こうして子供を使いに出して街から連れてきたのは、獣医ではなく、「馬頭琴《ばとうきん》の奏者」でした。馬頭琴とはモンゴルを代表する民族楽器で、胡弓《こきゅう》に似た弦楽器です。

遊牧民族のお母さんが母ラクダの体をさすりながら歌う声と、馬頭琴の奏でる音色が大地に鳴り響きます。すると、母ラクダの目から大粒の涙があふれました。子ラクダを威嚇《いかく》する表情も鳴き声も徐々にやわらぎ、やがて恐る恐る近づく子ラクダを、優しく受け入れるようになりました。

こうして、母ラクダは音楽によって心を癒《いや》し、母性を呼び覚ましたのです。

人間が心に染み入るような音楽を聴いて、涙を流すのはわかりますが、動物も音楽によって涙を流すことがある、という事実は大きな驚きです。

悔しいとか、悲しいというときの涙ではなくて、優しい気持ちになって大泣きすることは、とても体にいいことのようです。

「ありがとう」という言葉を二万五千回言うと、涙がどっとあふれてきて、バスタオルがしぼれるくらいに大量の涙が出るらしいという話を本に書いたことがあります。それを読んだある方が、実際に二万五千回「ありがとう」と言ってみたそうです。

すると、本当に涙がどっとあふれ、泣いて泣いて、とにかくバスタオルがぐちゃぐちゃになりました。そして、もうこれ以上涙が出ないというくらいに泣いて涙が涸《か》れ尽きて、一分ほどたってから、なんと真っ黄色の涙が一粒だけポロッと落ちた、というのです。

この人は六十五歳の方ですが、実は十五歳のときから難病をわずらっていました。アトピーのような状態で体に膿《うみ》が出て皮膚がただれ、それが体内の臓器にも広がっていて、五十年間苦しんできました。原因も病名もわからず、対処のしようがなく、何をやっても治らなかったそうです。

それが、二万五千回の「ありがとう」を言い終わってから出た涙のあとに、黄色い液が一滴出た。その後、一時間で体の腫《は》れがひいたのだそうです。そして、一晩寝て起きたら、全身がきれいになっていた。今まで五十年間、何をやっても治らなかったものが治った。この一滴の膿が目から出てきたことによって、体中の毒がすべて凝縮されて出てきたらしい。そんな報告がありました。

もう一つの実例報告。

ある人が、「ありがとう」を二万五千回言い終わったとき、道を歩いていたそうです。やはり涙があふれてあふれて止まらなくなったので、その場で遠慮せず大泣きした。

この人は弱視で視力が〇・〇一ほどしかなかったそうですが、泣き終わったあと、なんと視力が一ケタ以上よくなったとか。

めちゃくちゃに泣いたあとに、もしかするとこのような奇跡的な体の変化が起きるかもしれません。人によって何が起きるかわかりませんが、「ありがとう」を二万五千回言うことにより、不思議・不可思議を楽しめるのです。

私の講演会には、よくお医者さんが聞きに来られます。

臨床的な医療の現場において、患者さんたちを診てきた結果、「正観さんのお話のとおり、口から出てくる言葉によって、その人が病気がちか健康であるか、分かれるかもしれない」という結論に至ったお医者さんが何人もいました。

「治療法や薬にエネルギーを費やす前に、人生観が体を壊しているかもしれないということに目を向けよう」と気づいたあるお医者さんは、薬を出すより、まず話を聞いてから治すという方法に踏み切ることにした。その結果、薬価では稼げないことになりましたが、「もう収入は見込めなくてもいい」と思い切りました。

その方はご夫婦で働いていたので、「収入面は夫にまかせて、自分は患者さんを治すことだけを考えることにしよう」と思ったというのです。しかし、「もう収入は見込めなくていい」と思っていたところが、初診料収入が膨大なものになってしまいました。あの先生は、病気の源になるものを教えてくれるいい先生だという噂《うわさ》が広まって、たくさんの人が来るようになったそうです。

これこそが、「神さまが応援を始めた」ということだったのかもしれません。

第3章

そ・わ・かの「か」
——感謝のもつすごい力

謙虚な人は神さまから応援される

精神世界や超能力・超常現象の研究を三十年ほどしてきて、私なりにわかったことがあります。それは、神・仏という存在は謙虚な人がとても好きであるらしい、ということです。逆に、傲慢《ごうまん》な人をあまり好きではないらしい。

神・仏という言い方をしなくても、一般世界でも同じことがいえます。社会的に受け入れられている人、多くの友人がいる人、事業で多くの人に喜ばれている人は皆謙虚である。あまり人間関係も友人関係も展開していかない人は、傲慢なところがあるせいかもしれません。

ただ、この場合にいっている謙虚と傲慢というのは、一般社会でいわれている意味とは少し違います。

ここでいう謙虚さとは、今自分が置かれている状況や獲得したものが自分の力によるものではなく、多くの友人や知人、目に見えない存在である神・仏・守護霊・精霊などのおかげであると思っているということです。

逆に、自分の力や才能・努力によって、ありとあらゆるものが獲得できたのだと思っている人のことを、傲慢と呼びます。

一般的にいう、偉そうな態度をしているとか、控えめな態度をしているとか、そういう表に出てくる態度の問題ではなく、基本的に自分の業績なり生き方を自分自身でどのように考えているかが、謙虚さと傲慢さの分かれ目になります。

一つ目は「思い」。心の部分です。その思いの部分で「い・ど・お」――威張らないこと、怒鳴らないこと、怒らないこと。そして、二つ目の分野として言葉。常に「ありがとう」を言いつづけること。そして三つ目の分野で行為。この分野では、トイレ掃除をしつづけること。

この、思いにおける「い・ど・お」と、言葉における「ありがとう」、行為における「トイレ掃除」の三つがすべて成り立ったときに、大変謙虚な人ということができそうです。

「謙虚であること＝実践すること」。そしてまた、「謙虚であること＝感謝をしつづけること」。すなわち、「謙虚さ＝感謝＝実践」なのです。ありとあらゆるものに感謝をするという実践的な生き方をしている人は、神・仏・守護霊・精霊の方々から大変好まれ、たくさんの支援を受けることができるように思います。

「ありがとう」のもつ、とてつもない力

謙虚さの実践の場として、二つ目に言葉、「ありがとう」を言えばよい、ということを挙げました。この「ありがとう」という言葉には、大変な力がこめられているようです。

あるとき、三十代半ばくらいの女性と六十歳くらいの女性が、受付で私を待ち受けていたことがあります。

私を見つけると、その若いほうの女性、娘さんでしたが、「この人が小林さんよ」と、母親に紹介しました。母親は、このように言いました。

「ああ。小林先生ですか。お初にお目にかかります。命を助けてくださいまして、ありがとうございました」

私は一瞬戸惑いました。

「今日が初対面ですね。初対面なのに、命を助けていただいて、というのは、ちょっと説

明をいただかないとわからないのですが……」

ということで、その女性が話されたのは次のようなことでした。

ある時期、自分の体が大変弱り、足腰も弱って壁や机につかまらなければ立ち上がれない、歩けないということがあったのだそうです。あまりにも体が弱っているということで医者に診てもらいました。そうしたところ、結果は末期ガンである、ということだったそうです。

この方はかなり強い人だったらしく、「ガンであるなら言ってください」とお願いしていたのでしょう。「入院加療の必要はありません。自宅療養をしてください」と言われたということです。つまり、末期ガンでもう病院では手の打ちようがないので、自宅で残りの日々を過ごしてくれ、ということのようでした。

末期ガンの宣告を受けたときに、暗澹《あんたん》たる気持ちになったというのですが、一つだけ光明がありました。それは、その宣告を受ける一週間ほど前に、娘さんから次のような話を聞いていたからです。

小林さんという人がいて、その人の話を三回ほど聞いた中に、「ありがとう」の話があった。「ありがとう」を二万五千回（心をこめなくてよいから）言うと、なぜか涙が出てくる。その涙が二時間から三時間出たあとで、再び「ありがとう」を言おうとすると、本当に心の底から感謝の念が湧《わ》いてきて「ありがとう」の言葉が出てくる。その気持ちをこめて「ありがとう」をあと二万五千回ほど言うと、突然に自分にとってうれしく楽しく、幸せな奇跡のようなことが起きる。

母親が、この話を娘さんから聞いときは、「へー、そんなことがあるの」と軽く聞き流したというのですが、一週間後にガンの告知を受けたとき、この話が一筋の光明になった、ということでした。

そして、母親はこう決意するのです。

「もう他に手の打ちようがないのであれば、奇跡に頼ってみよう。そして一日一千回、『ありがとう』を言って、百日間（合計十万回）続ければ、いくらなんでも五万回を数え間違えることはないだろう」と。

そして、一日一千回の「ありがとう」を言いはじめます。三十日ほどたって（「ありがとう」を三万回ほど言い終わったところで）、壁や机を頼って立ったり歩いたりしなければならない状態であったのが、自分の足で立ち、歩けるようになったということでした。

二か月後（六万回「ありがとう」を言っているうちに）、近所の人から「最近、顔色がよくなりましたね、お元気そうですね」と言われるようになりました。もちろん、末期ガンであることなど伝えていないので、近所の人たちは、ただ外見から元気になったということを感じて、そのような感想を言ったらしいのです。

三か月ほどたったあたりで、（「ありがとう」が九万回を超えたところ）、体重が増えて、顔もふっくらしてきました。これはおかしい。どうも体が変化しているようだ、ということで、その母親はさらに十日間、合計十万回の「ありがとう」を言い、それからもう一度病院の検査に行きました。

そして、もたらされた結果は、ガン細胞が全身からすべて消えている、というものでした。末期ガンが治ってしまったのでした。

「ありがとう」を十万回言いつづけた結果、ガンが治ってしまった。そういう事実が私のところに報告されました。

すべての人にこの方程式が当てはまるとは保証できませんが、「ありがとう」という言葉にはものすごい力があるらしい、ということが証明された一つの事件でした。

神さまをたたえる言葉「ありがとう」

日本語の語源辞典というものがあります。何種類かあるのですが、たまたま紹介された語源辞典が大変面白かったので、私はそれを入手しました。そして、調べた最初の言葉が「ありがとう」でした。

「ありがとう」の語源は「有り難し」から来ているというのは前に述べたとおりです。「有り難し」というのは、存在しにくいこと、という意味で「滅多にないこと」と私は思っていたのですが、実は「有り難し」というのは「あり得ないこと」「存在し得ないこと」をそう呼んだのだそうです。

「あり得ないこと」「存在し得ないこと」が起きたときに「有り難し」と使ったというのです。つまり、神・仏が何か「あり得ないこと」を起こしてくれた場合に使った言葉でした。

神・仏をほめたたえ、賞賛する言葉として「ありがとう」「有り難し」「有り難い」という言葉が存在したのだそうです。

そして、それは室町時代以前は人に対して使われることはなかった。人に対して使われるようになったのは、室町時代以降のことだそうです。

「有り難い」「ありがとう」という言葉は、実は神を賞賛し、ほめたたえる言葉だったというのは、私にとって大きな衝撃でした。

『水からの伝言』（江本勝・著／波動教育社）という写真集が出て、あちこちでかなり評判になり話題にもなったのですが、「ありがとう」という日本語で声をかけた水と、「Thank you（サンキュー）」と声をかけた水とでは、凍らせたときの結晶の形が違います。私の印象でいうと、「ありがとう」のほうがきれいで、透明感のある結晶になっているように思いました。まわりの人に聞いたところ、多くの人が「ありがとう」のほうがよりきれいに感じる、ということでした。

写真を見たときに「Thank you」のほうに、より美しさや透明感を感じる人もいるかもしれませんが、少なくとも私のまわりの人たちは、「ありがとう」のほうに、より美しさや透明感を感じたのです。

なぜ、日本語の「ありがとう」のほうが少し違う形になり、しかもそちらのほうにより美しさを感じるのか。その疑問に対して、この語源辞典は答えをくれたように思いました。

「ありがとう」「有り難し」とは、神を賞賛し、ほめたたえる言葉ですが、一方、「Thank you」というのは、「私はあなたに感謝する」という言葉です。人に対して感謝をしている言葉が「Thank you」です。

たとえば、誰かが梨をむいてくれたこと、柿をむいてくれたこと、おいしいコーヒーをいれてくれたこと、肩をもんでくれたこと、そういうことに対して「あなたに対して私は感謝をする」という、目の前の人や、自分に対して何かをやってくれた人に対する感謝の言葉が「Thank you」なのです。

「ありがとう」という日本の言葉は、人に対して使われたものではなく、本来は神・仏が、あり得ないことを起こしてくれた、やってくれた場合に使われた言葉でした。

この話をある人にしたときに、その人が古典劇を観たときの話をしてくれました。

その古典劇は、出てきたおばあさんが、空に向かって「有り難い」「有り難い」「有り難い」「有り難い」と言って回るというものなのですが、そのときに、舞台上にはおばあさんしかいなくて、他に人がいなかったというのです。登場人物は一人だけでした。

つまり、そのおばあさんは人に対して「ありがとう」を言ったのではなく、空に向かって「有り難い」「有り難い」と言いつづけていたわけです。日本の古典劇の中でも、「ありがとう」「有り難い」という言葉は、ずっと神や仏に対しての賞賛の言葉として使われていたことがわかりました。

「ありがとう」という言葉が神や仏を賞賛する言葉であった、ということになれば、私たち日本人が日本語として使っている「ありがとう」は、勘違いして人間に対して使っているわけですが、私たちが勘違いをしていようがしていまいが、神さまにはどうも関係がないらしい。

神さまは「ありがとう」という言葉が下界から聞こえてきたら、ガバと跳ね起きて、その人の「ありがとう」の回数をカチカチと、カウントするようなのです。

「ありがとう」を使った相手が人間であろうと動物であろうと、犬や猫であろうと、神さまには関係がなくても、ただ「ありがとう」という言葉が地上から聞こえてきたら、神さまは自分に対して向けられた言葉だと認識をするようです。

そして、それが先ほど述べた五万回とか十万回、五十万回、百万回、一千万回、そして一億回というレベルを超えたときに、神はその人にとってうれしく、楽しく、幸せな現象を起こすようになっているように思えました。

「祈り」も「願い」も神さまへの感謝

日本語の語源辞典で「ありがとう」を引いたあとに「祈り」という言葉を引き、その次に「願い」という言葉を引きました。その結果、やはり衝撃的なことがわかりました。

「祈り」とは「意に乗る」（神の意に乗る）こと、つまり神の意に添うことで、そういうことを神の意のままにやっていけばよいというのが「祈り」ではないか、と自分なりに解釈していたのですが、実は、「祈り」とは「意（神の意）＋宣《のり》（宣言《のりごと》の宣）」で、神の意を寿《ことほ》ぐこと、賞賛すること、ほめたたえることだ、ということがわかりました。

「祈り」とは、神の考えていること、為せることについて賞賛すること、ほめたたえることだったのです。

一方、「願い」という言葉を引いたときに、この語源が「ねぎらい」から来ていることを知りました。「願い」とは「ねぎらい」だったのです。

「ねぎらい」とは「ご苦労さまでした。ありがとうございます」という意味で、本来は上の立場から下の立場の人にかける言葉ですが、「願い」の場合、誰に対するご苦労さまの言葉かというと、神・仏・天上界の方々に対するものです。私たちが神、仏に対してかける「ねぎらいの言葉＝ご苦労さまでした」というのは、当然、感謝の意をこめて「ありがとうございます」ということになるのではないでしょうか。

つまり、「祈り」も「願い」も、神の為せる業《わざ》に対してほめたたえ、賞賛し、感謝することであった、ということがわかりました。

私たちは子供のころから、神社仏閣に行って「お祈りをしなさい」「お願いしなさい」というふうに言われてきました。「お祈り」や「お願い」は、かなえてもらうべき自分の希望や望みのことであったのですが、実は、語源からすると「祈り」も「願い」も、すべて神・仏・天上界に対するお礼の言葉・感謝の言葉・賞賛の言葉であった、ということがわかったのです。

神・仏に対するお礼の言葉、感謝の言葉、賞賛の言葉というのは何かというと、これは「ありがとう」にほかなりません。私たちは、神・仏に対する言葉として「ありがとう」という素晴らしい文字をいただいたわけですが、この言葉を神社仏閣に行ってただひたすら言いつづけることが「祈り」であり「願い」だったのです。

「祈り」「願い」とは、自分の夢や希望をかなえてもらいたいという意味で使う言葉ではなく、神・仏に対して、今私たちがしてもらっていること・置かれている状況について、ただお礼を言い、感謝の言葉を伝えることだったのです。

ですから、これから神社仏閣に行ったときには、「あれをしてください」「これをしてください」「これをかなえてください」と言うのではなく、ただひたすら「ありがとうございます」と言うだけで、もうすべてがOKということになります。

そして、その声を聞いたときに、神は誰が言っているのかをきちんと認識し、その人の「ありがとう」の回数をカチカチと上空で数えているようです。その結果、五万回とか、十万回、五十万回、百万回を超えた時点で、新しい出来事が起きるようになっている。

最近、宇宙のしくみがそうなっているように思えるようになりました。

三秒で悩み・苦しみを消す方法

「ありがとう」の本質というのは、「あるがままを全部認めること、受け入れる」こと。

それが「ありがとう」のようです。

こっちのほうに来てくれたら「ありがとう」だけど、違う方向に行ったら「ありがとうではない」、というのでは、相手を「愛している」ことにはならないでしょう。

その人がもっている性質を全部まるごと認めて、〝私〟が「ありがとう」と言えるようになるかどうか。

自分にとって気に入らない人がいるとしましょう。そのときに、私たちは「思いどおりの人」にしようとします。そうすると苦しい。

そうではなくて、「そうなってくれてもいいし、そうならなくてもいい。ただ、目の前のあなたを受け入れる」と、すべてを受け入れる気持ちになったら、相手の状況によって一喜一憂することがありません。そうなれば、何よりも自分自身がラクになるのです。

「ありがとう」を言ったら相手が変わってくれるだろう、だから「ありがとう」を言うぞ、というのは入り口としてはいいのですが、そこが目的になったときには、おそらく行き詰まってしまうでしょう。

「ありがとう」を言っていることで、〝私〟自身の波長、雰囲気が変わり、相手とつながって、結果的に〝私〟が楽しいと思える状況が展開されるのですが、これは、相手を変えようとしているのではありません。

相手を変えるために「ありがとう」と言うよりも、「この人はこの人でいい。私はただ、この人を受け入れて抱きしめていけばいいんだ」と思い切ることができたら、その瞬間、この人を含むすべての状況を受け入れることができるわけです。

受け入れればいい。受け入れるのには、三秒しかいりません。


過去のすべてを受け入れる、一秒。

現在のすべてを受け入れる、二秒。

未来のすべてを受け入れる、三秒。


すると、目の前にあった悩み、苦しみはなくなります。それは、一歩ずつ登っていって克服したのではない。今まで、障害・障壁が高くそそり立っていたはずなのに、受け入れた瞬間、障壁そのものが消滅してしまった、という感じになると思います。

それは、障害・障壁を乗り越えたのではなくて、実はそんなものはもともとどこにもなかったのです。

目の前の現象を受け入れなかったから、つらかったのです。相手をどう変えるかではなく、ただ、この人を受け入れればいい。そういう〝私〟になるための、魔法の言葉として、「ありがとう」の言葉を使ってみる。

「ありがとう」と言える、それだけでうれしい自分に出会えるかもしれません。

納得するまで答えを探す脳の働き

十数人の仲間とオーストラリアに行ったときのこと。

ケアンズのグレートバリアリーフを見てからエアーズロックへ行きました。エアーズロックで二泊したのですが、ここは見渡す限り大平原になっています。そして、真っ平のところに、高さ三四八メートル、周囲が九・四キロほどというバカでかい岩「エアーズロック」がポツンとありました。

「日の出を見るツアー」や「夕日を見るツアー」というのがあって、日の出や日の入りも見ました。しかし、三四八メートルのバカでかいものが一つだけポツンとあって、ものすごく不思議。そこで、ガイドさんにこう言いました。

「この岩の存在は、論理的じゃない。理不尽だ。」

そうしたら、「言っていることがわかりません。私に言われても困ります」と言われました。そのような質問をした人は、いまだかつて観光客の中にはいなかったそうです。

高さ三四八メートルの岩があるのはいいのです。でも、どうして高さ二〇〇メートルや一〇〇メートルや五〇メートルの岩がないのでしょうか。なぜ、いきなり三四八メートルの岩だけが一個ポツンとあるのでしょうか。

中規模の岩があって小規模の岩があって、そういう岩の中に、一番大きいのが三四八メートルです、というのならわかります。しかし、このバカでかい岩の存在は、おかしい。なぜ一個だけなのでしょうか。

地質学的には、六億年をかけて、元来あったとされる八千メートル級の山脈が川に浸食されたり、その後の地殻変動によって砂岩の地層が形成され、その周辺部分が雨に削られて、砂岩の硬い地層だけが残った、という説明なのです。これは間違いありません。

でも、どうして一個だけなのでしょうか。その二泊三日の間、「おかしい」「おかしい」と叫びつづけ、さらに帰ってきても三日間くらい叫びつづけました。

それで帰ってきて二、三日たったところで、妙な人に出会いました。この方は、このような話をしました。

「脳は不条理・不合理を認めない。合理的な解釈なり説明なりが、自分の頭で納得できるようにならないと、いつまでもずっと答えを求めつづける」

そして、面白いことに、別の人から次のような情報をいただいたのです。

「アボリジニの伝承では、ある夜、突然に神さまがポンと置いたことになっているらしいです」

この説明も不条理・不合理です。わけがわかりません。理論的ではありません。でも、この説明を聞いたとたんに、自分の意志とは関係なく、「なるほど」と私の脳は落ち着いてしまいました。

地質学的な説明もさることながら、「神が置いた」という説明のほうに、脳が納得したのです。

どうやら、自分が考えていると思っている〝人間的な〟考え方と、脳が独自に考えていることは違うみたいで、脳は勝手に答えを探すようです。それで、「その答えでよし」ということになると、ポンと収まって、そこから先は、答え探しをしなくなることがわかりました。

すべてが「ありがとう」になる言葉の魔法

朝起きて、ベッドから下りる前に、「ありがとう、ありがとう、ありがとう……」と百回言ったとします。そうすると、脳は突然不安定になる。なぜ、現象がないのに、「ありがとう」なんだろうと。

このように、先に「ありがとう」を百回言うと、脳は、ありがとうの合理的な理由を探しはじめるらしいのです。

カーテンを開けた瞬間に太陽の光がパーッと差し込んだら、「あー、うれしい。ありがとう」と叫ぶ。これで一回。さらに、白いご飯に湯気が立っていると、「あー、ご飯がおいしそうだ。ありがとう。早く起きて、ご飯を作ってくれて、ありがとう」と叫ぶ。これで二回。

味噌《みそ》汁に湯気が立っている。「あー、味噌汁を温めてくれて、ありがとう」と思い、納豆に、醤油《しょうゆ》が入ってかき混ぜられていると、「あー、そこまでやってくれたの、ありがとう」と思います。

脳は、合理的な理由・説明がないと不安定になって、その現象を探しつづけます。現象がないのに、先に「ありがとう」を百回言ってしまうと、脳は「ありがとう」の現象を一生懸命探そうとする。

そうすると、その日の朝から、目にするものに対して、「ありがとう探し」が始まるのです。

それで、起きて「ありがとう」を百回言って、一時間たって百個「ありがとう」を見つけて、またそこで「ありがとう」を百回言うと、脳はまた不安定になって、百個の現象を探しはじめる。

「ありがとう」を言った人は、一日中ずっと「ありがとう探し」をして、脳が「ありがとう」に満ちあふれながら一日を終えることになるのです。

同じように朝起きたときに、「あー、幸せ」と理由もなく言ってしまいましょう。「あー、幸せ」と二十回言った瞬間に、「あー、幸せ」に相当する現象を二十個探そうとするので、「これも幸せ」「あれも幸せ」ということになる。それで、「あー、幸せ」と言ってしまった結果として、幸せ探しを始めることになります。

結局のところ、私たちが、目の前の現象をどう思うか、どう感じるかであって、「幸せ」という名の現象が宇宙に存在するわけではありません。

だから、普通に歩けることが幸せだと思った人には、幸せが一個。目が見えることを幸せだと思った人は、幸せが二個、手に入る。

耳が聞こえて幸せ、口で物が食べられて幸せ、鼻で呼吸ができて幸せ……というふうに考えていったら、いくらでも幸せが手に入ります。

脳は、先に出してしまった言葉に対して、不条理・不合理を認めなくて、合理的な事実をそれに当てはめて解釈しようとする、非常に変わった性格をもっている。

先に「幸せ」「ありがとう」と言ってしまうと、その瞬間から突然に脳は「幸せ」を探しはじめ、ありがとう探しを始めるようにできているらしいのです。

もし、起きたときに、「つらい」「悲しい」「苦しい」「つまらない」「嫌だ」と二十回言ったとする。そうすると、いきなり脳が、その合理的な理由を探しはじめます。

先ほどと同じように、白いご飯や味噌汁が湯気を立てていたりすることにも、「頼んでいないのに、湯気が立っている。俺が起きてから、よそえ」という話になる。納豆に醤油が入っていることに関しても、「俺の好きなようにかき混ぜるのだから、勝手に醤油を入れるな」という話になる。カーテンを開けて白い雲が見えると、「なんでいつも白いんだ。

たまには緑になってみろ」と言ったりする。

このように、現象は一緒なのですが、ありとあらゆるものに対して、「つらい」「悲しい」「つまらない」ということの原因探しが始まるのです。

最近、駅やコンビニなどのトイレに、「きれいに使ってくださってありがとう」という貼《は》り紙をしてあることがあります。まだ使っていないのに、「きれいに使ってくださってありがとう」という言葉が目に入ったとたんに、この言葉に応えないと、合理的な答えにならないので、きれいにして出てくることになります。

だから、子供に向かって「洗濯物を取り入れなさい」と言うところを、「取り入れてくれてありがとう」と言うと、言われた子供の脳は、「まだやっていないのに、おかしいな」と思う。

もし、私の講演会に参加する機会がありましたら、隣の人に、「今日一日笑顔で、楽しい思いで、私の隣に、おつきあいしてくれてありがとう」と挨拶《あいさつ》しながら帰ってください。

そうすると、隣の人がとてもありがたい人に思えてしまいます。

さらに、無意味に「ありがとう」を百回言ってしまえば、会場を出てから一生懸命「ありがとう」を百個探すことになるのです。

言いつづけた「ありがとう」が臨界点を超えるとき

「ありがとう」という言葉は、ものすごく力をもっているので、なるべく多く言ったほうがいい。でも、そのときに別に心がこもってなくてもいいらしい。

普通よく聞く話は、すべてのことに心から感謝して「ありがとう」を唱えなさい、というものです。しかし、私の話はそうではなく、形だけでいいから「ありがとう」を唱えましょうということなのです。

ただ、「ありがとう」を言いつづけて臨界点を超えると心から感謝の念がわき上がってくるようになるのです。「ありがとう」を、ただひたすら三日間、心をこめないで言いつづけた人から、このような話を聞きました。

「ありがとう」を、ずっと言いつづけて、一日目と二日目は何事もなかったそうです。ところが、三日目の朝、夫を送り出して、食器を片づけて、掃除をしながら、「ありがとう」を言っていたら、突然にお腹の底からものすごく熱いものが湧いてきた。

それで、もしかして吐《は》くのかなと思って、洗面所で待ちかまえました。悪いものを食べたわけではないのに、おかしいと思っていたら、ものすごく熱いものがダーッと上がってきて、そのまま口を通り過ぎたそうです。

そして、そのまま上に上がっていって、目から滝のようにドワーッと涙が流れはじめた。人間から、これほど涙が出てくるものかと思ったほど、すごい涙だったそうです。それから、一時間ほど、ひたすら泣いていました。

その人が言うには、「小林さんの話の中で、『ありがとうは心をこめなくても、言っただけですごい力がある』ということを聞きました。他の偉い先生は皆、『心から感謝をして、ありがとうを言わないとダメだ』と言われていたので、自分にはできないと思っていた」そうです。

しかし、複雑骨折した人が病院のベッドで、「ありがとう、ありがとう」と言いつづけたら、全治三か月と言われていたのが、一か月で治ってしまった話。それから、脊髄《せきずい》を損傷して三か月は絶対安静で、もしかすると脊髄が切れてしまって、半身不随になってしまうかもしれないと言われた人が、上を向いて「ありがとう、ありがとう」と言っていたら、治ってしまったという話。

そういう話をその方が聞いて、とにかく心をこめてなくても「ありがとう」を言うといいらしいと感じて、「ありがとう」を言い出した。そして、食べるときと人と話すとき以外は、ずっと言いつづけていた。

三日目にまた数千回言っていたら、突然にそういうふうに涙がどっと出た。そして、本当に心の底から「ありがとう」と思うようになったそうです。

そういう気持ちで、コーヒーカップ、皿……身のまわりのものを見たら、そのコーヒーカップや皿が、優しい気持ち、感謝の心、ありがとうの心で、自分のほうに話しかけてくるのを感じたというのです。

そして、自分のほうこそ、感謝したいという気持ちになっていった。それで、一つひとつについて、「こちらこそ、ありがとう」「こちらこそ、ありがとう」と本当に心の底から挨拶をしはじめた。そうしたら、午後全部を使っても挨拶しきれないほどだった。

それほど、私たちは素晴らしい物に囲まれている。もちろん、プランターの植物も全部そういうふうに、ありがとうの心で自分にかかわってきているのがわかったそうです。

感謝の心というのは、〝謙虚さ〟なのです。そこにある物一つによって私が生かされていて、食べ物や水にも恵まれていて……ということがわかったとき、本当にすべての物に心の底から感謝するようになった。

その方はそのとき、生後半年のひどいアトピーの子供を抱えていました。ご本人の表現では、「アトピーで顔が埋没している」というほどのものすごいアトピーで、その方が心の勉強をされたのもそのことがあったためでした。

ところが、そのアトピーのひどい子供に対しても、本当に心の底から、「私のところに来てくれてありがとう」「あなたがアトピーでいてくれてありがとう」と感謝できるようになった。

なぜ、二日半「ありがとう」と言いつづけたら、その物たちの一つひとつが「ありがとう」を言い返すようになったのでしょうか。それには二つの解釈があります。

一つ目は、二日半「ありがとう」を言いつづけたことで、この人が超能力者になったという考え方です。今まで、こういう〝物〟が「ありがとう」をいつも言っていたのに、この人が気がつかなかっただけであるという解釈です。

もう一つの解釈は、私はこちらの解釈をとりたいのですが、「ありがとう、ありがとう、ありがとう」と、ずっと言っていたため、この〝物〟に入っていた寝ていた魂が、起きはじめた。そして、ありがとうのエネルギーがずっとたまっていったのではないかと思うのです。

椅子、机、時計、黒板、サインペン、シャツ、ベルト……、そういう物が、「ありがとう、ありがとう」と言われはじめて、臨界点に達したときに、突然、それらの物の魂が、コップの水があふれるかのようにダーッと「ありがとう」を言い出したのではないでしょうか。

ある時刻になったときに、皆がいっせいにシンフォニーを歌い出したときの感じではないでしょうか。それを耳ではなく、波動や周波数で聞いたその方は、感謝の念の総攻撃に、多分、体の細胞がわき立ってしまったのだと思います。

つまり、この〝物〟たちはニュートラルな状態で存在していたのに、その方が「ありがとう、ありがとう」と言ったため、臨界点を超えて「ありがとう」があふれ出してしまった。

それがあふれてきて、その方の体にシャワーのように四方八方からダーッと降ってきた。本人は気がつかなくても、すべての細胞がそれを感じて、ありがたくてしようがなくて涙になったのかもしれません。

では、物に言っている言葉を人間に言ったらどうなるでしょう。自分の身のまわりの人に対していつも、「ありがとう、ありがとう、ありがとう」と言っていたら、もしかすると周囲の人の魂は、みんな臨界点に達して突然に「ありがとう」を言い出すかもしれません。

良好な関係にある人は、お茶をいれてあげたら、「お茶をいれてくれてありがとう」と言ってくれると思います。

でも、なかには、すごく不機嫌な人、投げやりな人、否定的な人、攻撃的な人など、自分にとって、苦手な人もいるでしょう。

そのように、もう少しやわらかくなってほしい、と思っている人に対して、「ありがとう」を言いつづけると、その人の不機嫌さをも治せるかもしれません。

第4章

そ・わ・かの実践

——究極の欲深い人になろう

何事も実践しなければ意味がない

ここまで、神に好かれる行為ベスト・スリーの「掃除」「笑い」「感謝」(「そ・わ・か」の法則)についての話をしてきました。

これらには、実は重要なポイントがあります。それは、「実践」です。

よく「感謝は心の中で思っているだけではダメなんですか」と言う人がいます。

それは、「心の中でトイレ掃除をしているんですけど」と言うのと同じ。どんなに汚いトイレをきれいにしたところを想像したって、それだけではダメでしょう。

たとえば、ある人がこんなことを言っていました。

「通信教育で二十年間習っているんだけど全然上達しなかった」——。

何を習ったかというと「空手」だそうです。確かに、それは通信教育では上達しないでしょう。同様に、「掃除」も「笑い」も「感謝」も、ただ頭の中でシミュレーションしていたのではダメです。

ダジャレを聞いて、面白いと思ったのだけど、心の中で笑って、顔は怖い顔をしていた、というのも「笑わなかった」ということ。

「感謝」も、言葉に出して「実践」になります。心で思っているけれど、口には出さないというのは実践になりません。「ありがとう」と感謝を感じたら、それを口に出して言うほうがいい。ですから、誰かがお茶をいれてくれたら、それに対して「ありがとう」を言う。「ありがとう」と心の中でいつも思っているけど不機嫌な顔をしている、というのは、外から見ると「不機嫌」といいます。「ありがとう」と思ったら言うほうがいい。

「結婚して三十年もたつのだから、今さら言わなくていいんだ。だいたい結婚してからこういうことがあって、あんなこともあって」と、それについて言い訳を十五分間もした人がいました。それだったら「ありがとう」とパッと言ってしまえば二秒ですんだのです。

たとえ心がこもっていなくても、お茶をいれてもらったら毎回「ありがとう」と言うほうがいい。心では感謝しているけど、口に出さないという人よりは、ずっといいと思います。

心がともなわなくても実践は実践です。実践とは、外に表すこと。表現することです。

トイレ掃除も、自分の体を使ってすることが「実践」。

笑うことも、心の中で面白いと思っただけではなくて、顔に出して表現することが「実践」。感謝も「ありがとう」と声に出して言うことが、「実践」ということになります。「そ・わ・か」をやっていると、目の前にいろいろな現象が起こりはじめます。そして、「ああ、自分は恵まれている」と思うようになるでしょう。

これは実践してみればわかりますが、やらない人には現象が身のまわりに起きてこないのでいつまでたってもわかりません。

一番変わるのは人間関係です。出会う人すべてが笑顔の素敵な人ばかりで、一生涯の友人になる。

私のまわりにも、この「そ・わ・か」を実践しはじめた人がたくさんいますが、実践をしつづけて三か月から半年ほどたつと、みんな同じようなことを言うようになります。「夢も希望もない暮らしをしています」と。

「夢と希望に満ちあふれた生活」とは、言い換えれば「まだまだ」「もっともっと」「あれも足りない」「これも足りない」と死ぬまで言いつづけて、いつまでも満足できないという生活なのかもしれません。そういう生活が楽しいという人はそれでいいのですが、「夢と希望に満ちあふれた生活」は疲れます。

それに対して、「夢も希望もない暮らし」のほうは、すなわち感謝に満ちた暮らしということで、そのほうがよっぽどラクで楽しい人生だと思うのです。

「トイレ掃除」も「ありがとう」も損得勘定から

「正観さんのお話を聞いて、一週間ぐらいは調子がいいんですが、すぐ忘れてしまいます。ずっと忘れないようにするには、どうしたらいいでしょうか」という質問がよくあるのですが、忘れないためには、どうすればいいか。

それは「実践をしつづける」こと。

「いい話だったなあ！」で終わってしまうと、三日後ぐらいには忘れますが、毎日「ありがとう」を言いつづけたり、トイレ掃除をしつづけることで、目の前に起きてくるいろいろな奇跡や思いがけない現象を味わうことになります。自分も元気になるし、仕事も人間関係もスムーズに流れ出すので、実践するのが楽しくなる。

仮に、聖書を三日間読み込むと、キリストの素晴らしい教えを語ることは誰にでもできます。仏教の経典を読み込んで「お釈迦《しやか》さまは、こんなに尊いことを伝えたんですよ」と話すのは、三日間でできるでしょう。

でも、どうしてその人は、キリストにもなれなくて釈迦にもなれないのか。

違いは「実践しているかどうか」ではないでしょうか。どんなに立派なことを学んで聞いていても、それをやらなければ知らないのと一緒。〝知った〟ことは、〝実践する〟ことで完結します。

話の内容を忘れないためには「忘れないぞ」と気合いを入れるのではなく、実践をしつづけること。すると、面白い現象があまりに頻繁に出てくるので、引き続きやりたくてしかたがなくなります。

どんなに下心があって、野心があったとしても、実際にそれをやった人を「実践者」といいます。

私の中には「やらねばならない」というのは全然なくて、「ありがとう」を言うのも、トイレ掃除をするのも全部「損得勘定」。「損得勘定」だと続くのです。

トイレ掃除に関する宇宙の方程式は、ちょうど次のような感じです。

ちょうど今、弓矢を引いていると思ってください。トイレ掃除を始めて十日間は、弓を一〇センチ引いたぐらいでしょうか。一〇センチ引いてパッと放すと、やはり一〇センチくらいしか矢は飛ばないでしょう。

長い期間、臨時収入なしでも「文句」「愚痴」を言わずにやっていると、そのぶん弓をたくさん引いたことになる。そこから神さまが手を放してくれると、そのぶんすごく遠くまで飛ぶわけです。

このしくみが理解できると、逆に、「臨時収入がすぐには入ってこないようにしてください」とお願いしてしまいそうです。

どうせなら究極の欲深い人を目指そう

私がいうトイレ掃除の話は、「トイレ掃除ができる立派な人間になりなさい」という人格論ではなくて、「自分にとって得だ！」ということです。

「臨時収入」を考えながら、トイレ掃除をするのは楽しいし、続くでしょう。

ところが、人格論として、「立派な人になりなさい」「トイレ掃除ができるような人になりなさい」と言われたのでは、続かないのではないでしょうか。どうも、人の心はそういう立派な構造にはできていないらしい。

邪心や下心がまったくないというのは、神の領域ですから、人として生まれることはないかもしれない。人間としては卒業してしまっている。

肉体をもっているということは、人間としてのさまざまな体験をまだしたいということでしょう。ですから損得勘定でやっていくことは、自然なことだと思います。

百パーセント美しい心でやっていこうと考えなくてもいいですから、「究極の損得勘定ができる人、究極の欲深い人になってください」と言っているのです。

宇宙構造を三十年間研究してきて、損得勘定でないものは、どうもないようです。どのような分野でも、人に喜ばれるような生き方というのは、損得勘定でいえば、すべて自分にとっての〝得〟になっている。人に喜ばれることをして自分が圧倒的に損だ、ということはないように思います。

さらにいえば、みんなが嫌がってしたくないようなことは、一単位時間当たりの〝得〟の密度が高いみたいです。トイレ掃除はその最たるものでしょう。

そういうことを実践している人が何かを始めようとすると、あっというまに支援が来ます。それは、その人が望みを実現させようとか、目標に到達しようとがんばっているわけではなくて、ただ、毎日〝徳〟を積んできただけだ、と思えます。

その積んだ〝徳〟のおかげで、すぐにまわりから支援が得られる。自分の力だけでやろうとするよりも、支援していただけるような日常生活を組み立てていくことが〝得〟。

まさに、人徳の〝徳〟とは、損得の〝得〟なのです。

その究極の損得勘定が身について、腑《ふ》に落ちて納まったとき、それを〝納得〟といいます。「納得」して、さらに実践を続けていくと、なかにはこういう悩みが生じてくる人がいます。

「仕事も、プライベートも、人間関係も、すべてのことが順調にいきすぎて、気持ち悪くて怖いくらいなんです。このまま幸せが続くわけがないから、やがて私は不幸になるんではないでしょうか」

「幸せすぎて怖い」という人に、幸せが永遠に続く方法、ずうっと幸せを感じていられる方法をお教えします。

それは「ありがとう」を言いつづけること、感謝しつづけることです。

〝私〟が、自分の幸せをつくり上げているのではなくて、神、仏、友人、知人、家族すべての人が「私を幸せにしてくださっている」ということに気がついたら、そのたびに「ありがとう」と言って、トイレ掃除をしつづけていくこと。そうするとこの二つが混然一体となって、その人をずっと支援してくれるようです。どうぞ、ご心配なく！

こうしてみると、トイレ掃除をすることでお金に心配がなくなって、「ありがとう」を言うと健康に問題がなくなって、というようにこれらを分けていってきましたが、どうも分けられないみたいです。

実は、トイレ掃除と「ありがとう」を言いつづけることには共通性があります。

そこに共通するキーワードは「謙虚さ」ということ。

まわりの人たちは、謙虚な人に対しては、徹底的に応援したいと思ってしまうようです。これに対して、一番応援したくないタイプは「驕《おご》り、高ぶり、うぬぼれ、傲慢《ごうまん》」の傾向が強い人です。

こういう人を一般的な感覚でとらえると、威張っているとか、高飛車であるとかいいますが、「驕り、高ぶり、うぬぼれ、傲慢」の本質というのは、自分の人生を全部自分の力で組み立てていると思っているところです。

〝私〟の努力で、〝私〟の才能で、〝私〟の汗で〝私〟の人生をつくった、と思っていることが実は「驕り、高ぶり、うぬぼれ、傲慢」につながっている。

もちろん、そういう人でも、自分の力だけではとうてい及ばないことが、世の中にはたくさんあります。

そのときに、自分の力だけに頼ってやろうとするよりも、一番コストパフォーマンスがいいのは、つまり最も少ないエネルギーで、たくさんの成果が得られる方法は〝私〟を取り巻くすべての人と、事と、物に対して「感謝」をすること。

人生や仕事に関して「自分の実力や努力でやってきた」という方向から「皆さんが支援してくださるので、自分はただまわりに感謝する」という方向に頭を切り替えてみてはどうでしょう。それが、ラクに生きられるコツではないか、と思います。

邪心のかたまりでもかまわない

「実践」の話に関連して、「邪心」ということについて述べたいと思います。前に、「どんな立派なことを知っていても、それを実践しなければ、知らないのと同じだ」と書きました。実は、この「邪心」の項目の中にも、そのことが入ってくるのです。

たとえば、電車で、自分が座っている目の前に、とても美しい女性が何人か並んでいたとしましょう。そのときに、ある駅から一人のおばあさんが乗ってきたので、そのおばあさんに、席を譲ろうと思いました。けれども、自分の中に、「あの女性たちによく思われたい」という「邪心」があったために、とても席が立ちにくかったとします。

こんな状況のもとで、最も理想的なのは、「まったく邪心がなくて、そのおばあさんに席を譲れること」です。一方、「邪心のかたまりであって、なおかつ席も譲らなかった」という選択をした場合、それは、四つあるうちの最も悪い選択をしてしまったことになります。しかし、人間というのは、一番目と四番目を選ぶ人は稀《まれ》で、実は、二番目と三番目の選択で、迷い、悩み、苦しんでいるにちがいありません。

二番目と三番目の選択というのは、「邪心があったが、席を譲った」と「邪心はないけれども、席を譲れなかった」というものです。

「自分の中に邪心はないが、邪心があるとまわりの人に思われたくなくて、席を譲らなかった」というのと「邪心はあったけれど、席を譲った」というのと、はたしてどちらを、神や宇宙はよしとするのか。

これは、私なりの推論ですが、神や宇宙が求めているものは、「邪心のかたまりでもかまわないから、席を譲りなさい」ということではないかと思います。なぜなら、席を譲ることで、そのおばあさんが喜ぶからです。喜ぶ人が生まれるからです。

「邪心がなくて、席を譲る」というのは理想ですが、実際問題として、人間はなかなか、そこまで行くことはできません。「邪心のかたまりで、席を譲る」か、「邪心はないけれども、席が譲れなかった」か、おそらくこの二点のどちらかで、苦しんでいるにちがいないのです。

先述のように、どんなに立派なことを頭に入れていても、「実践」がともなわなければ、それを知らないのと同じことになります。ですから、「邪心のかたまり」でもいいから「実践」をすること。そして、それを何回も、何十回も繰り返しているうちに、もしかしたら精神がピュア（純粋）になって、「邪心がなくて、席を譲る」ようになるかもしれません。しかし、「邪心」がありつづけても、まったくかまわないのではないか、と思うのです。

「邪心」があるかないかは、たいした問題ではありません。結果として、「席を譲ることができた」（そして、それを喜んでくれる人が生まれた）という、日常生活での「実践」

をすることが、とても大切なことのように思います。

学んだことを日常生活で役立てるかが大事

ある三十代の女性から電話をもらいました。それはこんな内容でした。

同じ職場の五十代の女性が、その人が参加している新興宗教の集まりに一緒に参加しないか、と誘ってきたというのです。

その人が言うには、その新興宗教の集会は大変気持ちのよいもので、みんながスリッパをそろえる、あるいは靴をそろえる、掃き清める、拭《ふ》き掃除をする、トイレもピカピカ、というように、皆が笑顔で素晴らしい集まりなのだ、ということでした。

そんな素晴らしい集会だから、「あなたもぜひ来てみなさい」と言われたのだそうです。

ところが、その三十代の女性が言うには、「でも、その五十代の女性は、日常的には全然そのようなことをやっていないんですよね」。どういうことかというと、スリッパを脱ぐときは、他の人がまったく真似できないような脱ぎ方をする（右と左がだいたい一メートルくらい離れているそうです)、あるいは、靴を脱ぐときに、きちんとそろえて脱ぐことをしない。手前に向けて並べ替えるというようなことはもちろんしないし、それどころか、ものすごい靴の脱ぎ方をするというのです。

しかも、非常に気分屋で、機嫌がよかったり悪かったり、というのも相当なものだそうで、あるときは、腹を立ててくずかごを蹴《け》って一〇メートルも飛ばしたというのですから、かなり腹を立てやすい人のようです。まわりのOLたちも、ずいぶん嫌みや皮肉やイライラのはけ口の対象にされたりして、その人をけむたがっているということでした。

そして、その人の子供にも諸々の問題があってイライラしているらしく、決して日常生活の中で穏やかに心楽しく過ごしているわけではないのです。

その女性は、「だから私、そんな集会に行かなくていいですよね」と言いました。

私はその話を聞いて大笑いをしてしまい、「大変よいところを見ていますね。ちゃんと、見るべきポイントがわかるようになりましたね」と言ってその方をほめてあげたのですが、本当にそうなのです。

研修やセミナーに行って、そういう仲間が集まったときだけ、にこやかに穏やかになり、あるいは奉仕活動に身も心もささげるというのは、一見素晴らしいことのようですが、実は、そこで得られたものを、いかに日常的に実践するか、いかに日常生活に持ち帰ってくるか、ということも問われているのです。

どんなにその研修合宿が素晴らしく心温まるものであっても、そこで学んだことや体験したことを、日常生活の中で実践しなければ何の意味もありません。むしろ学ばなければ、驕り・高ぶり・傲慢にならないわけですから、そのほうがよいような気さえします。

週に一回か二回、座禅や瞑想《めいそう》に通っている人がいて、「小林さんは座禅や瞑想には行かないのですか」と質問されることがありました。

私はそういうときも、笑顔でこういうふうにお答えしてきました。

「わざわざ座禅や瞑想に行かなくても、二十四時間、座禅や瞑想をできる時間が目の前にあるではありませんか。日常生活が全部〝座禅や瞑想タイム〟であるとも考えられるのではありませんか」

私はその座禅や瞑想をやってきた人に、逆にこんな質問をしてきました。

「もしかしたら、座禅や瞑想が終わったあとに会社に帰って、ああすっきりしたということで、社員や部下を怒鳴り散らしてはいませんか」

すると、ほとんどの社長さんたちは皆、ハッと何かに気づいたような顔になります。

「ああ、そういえば、会社でそういうふうに心穏やかに平和になごやかにやろうなんて思ったことはなかった」と言う方が大半でした。

週に一回か二回、座禅や瞑想をして心がすっきりし、穏やかになったからといって、それを日常生活の中で役立てなければ、意味がほとんどなくなってしまうのではないかと思います。

本来、宗教の研修合宿やセミナーも、あるいは座禅や瞑想も、日常生活（二十四時間、三百六十五日）を心穏やかに過ごすための準備であるべきであって、本質は二十四時間、三百六十五日の日常生活なのではないでしょうか。そこで心穏やかに、ニコニコ、同じ笑顔で暮らせるか、人と接することができるかどうか、ということを問われているのです。

言葉は刃物である、というメッセージ

ある時期、春夏秋冬に年間四つくらいのペースで、〝メッセージ〟が届くことがありました。その期間は三十五年と八か月続きました。

全部で百五十個ぐらいになっているでしょうか。あくまでも唯物論者である私としては、「あやしい人」になるのを防ぐために、一つひとつの情報について、百人の友人知人に意見を求め、検証してきました。

そのときに、一人でも「それは違う」「おかしい」と言う人がいたら、その情報は「外部に出さない、決してしゃべらない」と自分で決めてきました。

そうやって検証してきた結果、今まで来たメッセージはすべて、全員の賛同が得られたものです。

二〇〇一年三月に来たものは、のちに私を驚かせるものとなりました。

「言葉は刃物である」

言葉は、刃物と同じくらいの強力なエネルギーをもっている。道具として、とても役立つと同時に、人を傷つける武器にもなる、両方のエネルギーをもっていて、ものすごい力が言葉にはあるということを再度認識しなさい、というものでした。

このメッセージを聞いて、フロイト（精神分析の始祖）が語った言葉を思い出しました。

「医者には、手術台とメスと薬、この三つが不可欠である。ただ、精神分析医というのは、メスも手術台も薬も一切いらない。精神分析医に必要なのは言葉である。精神分析医は、言葉の使い方がすべてだ」

私たちは、言葉一つによって、目の前のとても上機嫌な人を悲しみの淵《ふち》に落とすこともできるし、暗い気分の人を一挙に楽しくすることもできます。言葉というのは十秒、二十秒というわずかな時間で、人の心を極端に上下させることができるのです。

私たちはこれまで、「思いが重要なんだ」ということは教わってきましたが、たとえば、ある人を不幸にしようと思って、二年、三年ずーっと念じていても、この人は不幸にはなりません。思いの力は、言葉に比べると微細なものです。

それに対して、相手にひどい言葉を浴びせかけると、瞬時にしてダメージを与えてしまいます。そのエネルギーというのは、想念に比べると計り知れないほど大きなものです。

〝思い〟がまったくエネルギー化しないとはいいませんが、〝言葉〟のほうがはるかに影響力が強そうです。

言葉は強力なエネルギーのかたまりだということです。

この〝言葉〟の話を講演会でしたあとに、ある方が私のもとにやってきて、こう言いました。

「今の話を聞いて、自分の中で感じるものがありました。私は、人に対して心を開くことができないんです。それは、三、四歳ぐらいの物心ついたときに、親から言われたことが原因だと思います」

「本当は、あなたを産むつもりじゃなかった。あなたが、この世に生まれてこなければよかったのに」と母親に言われたそうです。

彼女は、それ以来、自分の内に閉じこもり、ずっと苦しんできたようです。人に対して心を開けない気持ちもよくわかります。私は、彼女にこう言いました。

「今日、私は、あなたとは初対面ですが、今、あなたに、こういう言葉を贈りたいと思います。

『あなたが、この世に生まれてくれてありがとう』

よく、この世に生まれてきてくれましたね。今日は、会えて本当によかったです」

すると、その人は、ニコッと笑って「ありがとうございます」と言って帰っていかれました。もしかすると、百分の一ぐらいは、その人の心がラクになったかもしれません。でも、母親が何気なく言った一言は、彼女の心に深い傷と悲しみを負わせたのです。

私たちは、言葉のエネルギーというものを、もっと認識したほうがいいようです。自分が投げかけた言葉が、意外なほど大きな影響を与えているということを。

宇宙には「ありがとうのポイントカード」がある

投げかけた言葉のその先を考えると、「自分が発した言葉のエネルギーは、自らが受け取ることになる」というのが宇宙の原理のようです。

「想念」と「言葉」と「行為」。心で思い、言葉で語り、体で行為を示す。それが、自分に返ってくる。投げかけないものは返らない。

現在の積み重ねが未来をつくっています。そして、私たちが生きているのは、現在だけ。今、この瞬間、自分が投げかけたものが、将来返ってくるとしたら……。

その投げかけるものが、「想念」と「言葉」と「行為」です。なかでも影響力が最大のものが、どうも「言葉」であるらしい。

さらにショックを受けたのは、このメッセージが二段構えになっていたことです。

「言葉が現象を生み出す」（「望んだとおりになる」という意味ではありません）

発した言葉が現象化するというのです。仮に私が「ありがとう」を言いつづけていくとしましょう。すると、「ありがとう」と言いたくなるような状況が降ってくる。現象化するというのはそういうことです。

宇宙に向けて発した言葉は、その言葉をもう一度発するような現象を起こします。言葉が物を生み出す強力なエネルギーになります。

投げかけた言葉どおりの環境にその後、見舞われるのなら、もし、恨み言を言いつづけていると、そのとおりに現象化して、また、恨み言を言わざるを得ないような状況になるのなら……。ちょっと考えてしまいます。

「言葉が現象を生み出す」――すごい法則です。

聖書の中にこういう言葉があります。

初めに言葉ありき
言葉は神とともにあり
言葉は神なりき

これは、創世記の書き出しと呼応している言葉なので、私は、今まで宇宙の歴史を語っているものだと思っていました。宇宙創世の一番最初の混沌（カオス）というものがあって、その核から、物や人が出現したと解釈していました。

ところが、これは歴史を語ったものではなく、宇宙に存在している方程式の一つを表したものなのかもしれません。

「初めに言葉ありき、言葉は神なりき」――これが宇宙のしくみの一つであって、私たちの日常生活における因果関係の「一番最初が言葉なんだ」という意味にとらえたら、これはものすごいことです。

私たちが発する言葉には、神が宿っている。

まず最初に「言葉ありき」らしいのです。言葉があって、それがエネルギー化されて、〝私〟の行為行動につながっているようです。

これは、とても不思議。ただ行動するのが実践者だと思いがちですが、その行動を起こす前に「言葉」が存在するのだ、ということも認識したほうがよさそうです。

まず、言葉を宇宙空間に投げかけると、それが醸成されて、エネルギーになる。それが人の体に溶け込んだときに、言葉には方向性があるので、体はその方向で行動を起こします。結果、発した言葉どおりの現象に出合うのです。

ということは、心をこめなくてもいいから、「ありがとう」をたくさん言っている人には、「ありがとう」と言いたくなるようなことが次から次へと起きてくることになります。

あまりにも面白い現象がたくさん出てくるものですから、今度は本当に心から「ありがとう」を言い、自分もまわりから「ありがとう」と言われるような行動をしたくなります。

それがずうっと繰り返し続くわけですから、そういう人たちは、もう「ありがとう」しか出てこないような人生を送ることになる、というのが宇宙の法則らしい。

もし、この法則を使いこなすことができたら、人生、面白くなるでしょう。

言葉が現象化する。

まさに、「言葉は神なりき」。そして、「初めに言葉ありき」なのです。

「よい・悪い」とか、自分にとって「幸・不幸」というのとは関係なく、口から発した言葉が現象化するらしい、ということはわかりましたが、では、人によって現象化が早かったり遅かったりするのはどうしてでしょう。

どうも、現象化するスピードは、「ありがとう」を口にする回数によって、決まるようなのです。

たとえば、宇宙に自分の名前が書かれた「ありがとうのポイントカード」があると思ってください。「ありがとう」という言葉は、元は、神の為せる業《わざ》に対して、賞賛し感謝する言葉でした。発した「ありがとう」は、すべて神さまのもとでカウントされ、それが一定の数まで達すると、自分のところに現象となって届けられる、というしくみになっているようなのです。

ですから、「ありがとう」をたくさん言っている人は、心から言ったかどうかに関係なく、口に出した言葉の現象化がとても早い、ということです。

一方、「ありがとう」を口にする数が少ない人は、現象化するのに時間がかかる、ということもわかりました。

私のまわりには、五十万回とか百万回言った人がちらほらいますので、このことに気がついたとき、その人たちに聞いてみました。

すると、やはり言葉の現象化が、今までよりも早くなっているそうです。その人たち全員から「その方程式は、きっと正しいと思う」という言葉が返ってきました。

では、「ありがとう」を多く言っている人は、口に出す言葉に気をつけないと危ない、めったなことは言えないのでは？　と思う方もいらっしゃいますが、「ありがとう」を数多く言って、ある一定数（まずは、二万五千回レベルです）に達した人は、およそ人を傷つけるような言葉は口から出てこなくなるようです。だから、そういう心配はありません。

「ありがとう」という、神と直結する言葉が、心の深い部分や体の細胞レベルまで行き渡っていくせいでしょうか、楽しく心地よいことを口にして、お礼を言うのが、どうも身についてしまうらしい。

このしくみがわかったら、今、この瞬間からどうしても「ありがとう」を言いたくなってはきませんか？

第5章

幸せのしくみ
——心がすべてを決めている

今の自分に幸せを感じれば「ユートピア」になる

幸せには、「パラダイス」と「ユートピア」の二種類があります。

「パラダイス」というのは、外から見て〝天国〟的な条件や状況に囲まれていて、目に見えて天国にいるなあ、と思えるものです。

一方、「ユートピア」というのは、天国にいるような状況に囲まれているわけではなく、心の問題として〝天国〟を感じている状態です。

「パラダイス」とは、たとえば、ごちそうが山のように積まれ、おいしい酒に囲まれ、目の前に美しい砂浜が広がってヨットが待ち受けている、というような状況でしょうか。

このように、外から見てものすごく楽しそうで、幸せそうに見えるのが「パラダイス」です。自分の思いや願い、夢や希望が皆手に入って、満足している状態でしょう。

しかし、たとえば、ミス新宿区の人にお酌《しゃく》をしてもらうと、今度はミス東京を連れてきてくれ、今度はミス日本、ミスアジア、ミスユニバース、ミス太陽系、ミス銀河系……というように限りなく続くでしょう。

「パラダイス」では欲求がエスカレートし、とどまるところを知りません。このように、「パラダイス」状態は永久に完結することはないのです。なぜなら、人間の望みや欲望というものには、「これでよし」という限度がないからです。

ところが、「ユートピア」というのは、〝私〟の心の中に幸せを感じるメカニズムができてしまうことをいいます。〝私〟が「ああ、今幸せ」と思った瞬間に幸せになれるという構造です。

何かある条件を設定して、それをクリアしたら幸せになれる、というのは「パラダイス」ですが、「ユートピア」に条件設定はありません。今〝私〟が置かれているありのままの状態を、ただひたすら幸せの本体だと受け入れた瞬間、「ユートピア」に入ることができます。

だから、普通に横断歩道を歩いていても、その人は「ユートピア」にいて、喫茶店でコーヒーを飲みながら「ユートピア」を感じ、おしゃべりをしながら水を一口飲んでいるだけで「ユートピア」に浸っている、という状態になれるのです。

幸せの本体というのがどこかにあるのではなく、〝私〟が〝幸せ〟と思うだけ。名誉だとか名声というものを求めている間は、幸せ（ユートピア）を手に入れることはできないでしょう。

「そのような『名』を追わなくなったら『ユートピア』です」という言葉を英訳することに、数年前に成功しました。

「NOW OR NEVER《ナウオアネバー》（名を追わねば）ユートピア」

今か（NOW）、さもなければ（OR）、これからずっとないか（NEVER）、です。どこかに幸せというものがあるのではありません。幸せというのは、条件が整備されて、その条件をクリアしたら幸せになるのでもありません。今、「私の心が幸せだ」と思ったら、幸せが百パーセント手に入るのです。

今か、永久にないか——NOW OR NEVER
これは、考えに考えて、ついに行き着いた苦心の英訳です。私自身はなかなかの訳だと思っているのですが……。

よく考えてみてください。「幸福」と「不幸」はどこかにあるのでしょうか。

実は〝私〟が全部決めている。結論からいってしまうと、「NOW OR NEVER」なのです。

私たちは「ある現象を追いつめて、ある数字や達成目標を立てて、そこに邁進《まいしん》して努力をして、そこに至らなければ人間のクズだ」というような教育を受けてきてしまいましたが、実はそこには悩み、苦しみが生じます。何かを手に入れなければ幸せだと思ってはいけない、と教えられてきたからです。

そこを追い求めて、「まだだ、まだだ」と言いつづけていることが楽しければ、それはそれでかまいません。自分で、それが好きなのですから。しかし、幸せというものを手に入れたいのであれば、その人生観では、幸せは手に入らないでしょう。

どうすれば幸せが手に入るのか——。

〝私〟がこの瞬間に〝幸せ〟と思えばいいのです。ただ、それだけ。だって、今、幸せの本体の中にいるのですから。

この本質論を聞いて、「ああ、幸せはここにあった」と手に入る人もいますが、どうしても手に入れたくない人もいます。

どうしても、「NEVER」のほうをとりたい人もいる。どうしても、数値目標を設定して、それをクリアしなければ幸せと思ってはいけない、と思う人もいます。そう思っても全然かまいませんが、その方法で、その分野で幸せを得ることはないでしょう。

何の修行も何の前提もいりません。今、〝私〟が〝幸せ〟と思えばいい。

すべての現象は宇宙的には「0」だから、幸せという名の現象も、宇宙的には存在しないのです。

幸せという名の現象が、山のあなたにあるわけではない。幸せという名の現象は、〝私〟が〝幸せ〟と思った瞬間に、目の前にポンと生まれます。

幸も不幸もない、現象はニュートラル

大学時代に心の世界を研究しはじめて以降、たくさんの「宇宙構造をひもといた言葉」に出合ってきました。

その中の一つに、「世の中に不幸や悲劇は存在しない。そう思う心があるだけだ」という言葉がありました。

出合った当初は「そんなバカな」と思ったのですが、この言葉がその後、頭から離れません。

二年たち三年たち、五年ほどたって、やっと認めることになりました。いや、言葉を

換えていえば「認めざるを得なかった」ということになります。「本当にそうであるらしい」との結論に達したからです。

〝懐疑的〟な二十代を経て、三十代になってからは、「自分はツキがない。恵まれていない」と嘆く人に、「本当にそうでしょうか」と問いかけるようになりました。

その悲しみや苦しみは、実は、現実のとらえ方によって、「幸せ」になってしまうこともあるのです。「悲しい」「苦しい」と言っていた現象が、幻になってしまう。消えてしまうのです。

「悲しく」「苦しい」現象は、本当はそのほとんどが、悩んだり苦しんだりする必要のないものなのかもしれません。

砂漠で遭難したとしましょう。

まる一日水を飲まずに歩いていたら、たまたま水筒が落ちていたとします。

その水筒に水が半分入っていた……。

そのとき、「半分も残っている」と思うのと、「半分しかない」と思うのとでは、受け取るものが違います。「半分も残っている」と考えれば「幸せ」だし、「半分しかない」と思えば「不幸」になります。

事実や現象は一つ。同じ現象なのに、とり方、とらえ方でその価値はまったく正反対のものになってしまう。ただ、それを受け止める側の〝心〟がその現象の価値を決めるようなのです。

アメリカで、ある心理学者が、「まだ四十歳」と考えるグループと、「もう四十歳」と考えるグループの二種類を追跡調査したことがありました。たしか一千人ずつのグループだったと思いますが、近年、その最後の人（二千人目）が死去して調査は完了、二つのグループの平均寿命（平均死亡年齢）が割り出された結果、何か月という差ではなく、十年という差が、出たといいます。

もちろん、「まだ四十歳」と考えた人たちのほうが「もう四十歳」と考えたグループよりも長く生きました。

同じ「四十歳」という現象を、「もう四十歳だから」と毎日体に言い聞かせるのと、「まだ四十歳だから」と毎日体に働きかけるのと、やはり正反対のとらえ方になるでしょう。「もう四十歳」と考えた人は、ほとんどの人がその先も「もう五十歳」「もう六十歳」と考えたにちがいありません。そういう場合は、多分「年をとる」という事実は、肉体にと

って すべて〝毒〟であり、マイナスに作用することになるのでしょう。

逆に「まだ四十歳」と考えた人は、「まだあれもできる」「これもできる」と前向きにいろいろなことに取り組んできたにちがいありません。

「とらえ方」の違いで、目の前の現象は「幸」にも「不幸」にもなる、ということのようです。

三十代には「〝不幸〟や〝悲劇〟という現象は、本当に存在しないみたいだ。そう思う、そう決めている〝心〟があるだけのようだ」と思うようになったことは、先に書きました。

四十代になって、私は新たに、こういうこともつけ加えるようになりました。「かもしれない」が、確信に近いものになったからです。

「〝不幸〟や〝悲劇〟は存在しない。しかし、それだけでは、宇宙構造の半分しか伝えていないように思う。実は〝幸福〟という現象も存在しないようだ」

というものでした。

世の中に〝不幸〟や〝悲劇〟という現象は存在しないかわり、〝幸福〟という名の現象も存在しないのではないか、と思うようになったのです。

すべての現象は、宇宙的に、本質的に、ニュートラル（中立）です。それを〝幸〟ととるか〝不幸〟ととるか、は、どうもその人しだいであるらしい……。

「山のあなたの空遠く　幸い住むと人のいう……」

というカール・ブッセの詩がいっているように、どれだけ遠いところを探しても、幸せは見つからないのです。

同様に、「チルチル・ミチル」の、「幸福の〝青い鳥〟は自分の家にいた」との結論も、宇宙的な真実を物語っているような気がします。

〝たまご〟構造をしている幸と不幸の関係

ここ数年、「幸と不幸の構造」について、もう一つ思い至ることがありました。

それは、「幸と不幸は〝たまご〟構造。それもゆでたまごではなく、生たまごだ」というものです。

たとえば、「おいしい」という概念の前段階として、必ず、「空腹」という概念が存在しています。「空腹」という現象が存在しなければ、「おいしい」という現象は存在しない。

同様に、「のどが渇《かわ》いた」という現象がなければ、「のどの渇きが潤《うるお》せた。うれしい」という現象も存在しません。

さらに考えるに、「空腹であればあるほど」おいしさは増加する。逆に、空腹の度合いが小さいものであれば、おいしさも小さい。明らかにその〝量〟は連動しています。「おいしい」という〝幸せ〟を味わうためには、どうやら「空腹だ」という〝不幸〟を味わわねばならない、というのが宇宙構造のようなのです。

では、「空腹」という現象と、「おいしい」という現象は、個々に独立しているわけではないのではないか、と思うようになりました。

「空腹」と「おいしい」は「1+1=2」というかたちで存在しているわけではなく、半分と半分、「$\frac{1}{2}+\frac{1}{2}=1$」として存在しているように思えます。「空腹」と「おいしい」は、足して一つになるのであって、おのおのが独立した現象として存在するのではないらしい……。

「空腹」と「おいしい」はワンセットであり、「空腹」は「おいしい」という〝幸せ〟の前半分現象だ、とも考えられるのです。

同じように、四季（春夏秋冬）を考えてみましょう。

夏の盛り、これ以上暑くなったら生きていけないと思えるほど、気温が上がります。そのあとに来る秋は、風が涼しく、本当に心地よく感じられます。夏が暑ければ暑いほど、秋のさわやかさが〝幸せ〟です。

真冬、これ以上寒くなったら生きていけないと思えるほど、気温が下がります。北風がヒューヒュー吹き、寒さに震えます。そのあとに来る春のほのかな暖かさは、本当に楽しく、うれしいものです。

夏暑ければ暑いほど、秋の涼しさが〝幸せ〟。

冬寒ければ寒いほど、春の暖かさが〝幸せ〟。

夏と秋がワンセット、冬と春がワンセットになっている……。

宇宙は、幸と不幸の構造が、実はこういうものなのだよ、と、人類の前にずっと、四季というかたちで提示しつづけてきたのかもしれません。夏の暑さによって、秋の〝幸せ〟を感じなさい、冬の寒さによって春の〝幸せ〟をより多く味わいなさい、ということだったのかもしれないのです。

何かスポーツをやっていて、足を捻挫《ねんざ》したとしましょう。

当然走れないし、歩くにも困難がともないます。一週間して痛みが消え、普通に歩け、走ることもできるようになったとします。

そのときは、足が普通に機能していること、普通の生活ができることが、うれしいにちがいありません。

捻挫をする前と捻挫が治ったあとと、日常生活は特に変わりはないのです。が、ただ一つ、大きく違うのは、自由に動かなかった足が動くようになったことで、「足が自由に動くこと、普通に生活できること」に感謝することができるようになった、という点でしょう。

生まれて以来、何の問題もなかった人が手も足も自由に動くことに感謝しろといわれても、本当に〝感謝〟することは難しい。

けれども「自由にならない」ことを味わったあとなら、「手足が自由に動く」「日常生活が普通に送れる」ことの喜びや幸せを、かみしめることができるのです。

そう考えてみると、その捻挫ははたして〝不幸〟なことだったのでしょうか……。

足を骨折すれば、一か月は不自由な生活を味わわねばなりません。その不自由さを感じれば感じるほど、「普通に歩ける普通の生活」を〝幸せ〟に思うことになります。

その場合、〝不幸〟と思っていた捻挫や骨折が、普通に生活できるうれしさや〝幸せ〟

の前半分の現象であった、実は〝幸せ〟の前半分であった、ということに気づきます。「捻挫してよかった」「骨折してよかった」と思えたら、その捻挫も骨折も、その人にとっては大きな意味をもっています。

完治する前に、「手足が自由に動くこと」「普通に生活できること」の素晴らしさに気づき、感謝することができれば、そうした捻挫や骨折が、一週間や一か月を必要とせずにそれより早く完治するとの話も、整体の先生から聞いたことがあります。

ケガに感謝し、病気に感謝する……。

それが、〝幸せ〟の前半分であり、苦痛や大変さが大きいほど、元気になったときの喜びや〝幸せ〟が大きいのだ、という因果関係に気がつくと、ケガや病気を恨《うら》んだり呪《のろ》ったりすることが少なくなることでしょう。

一般的な〝不幸〟が〝幸〟の前半分である、という構造は、〝たまご〟の構造に似ています。

今まで述べてきたように、〝幸〟（おいしさを味わうこと）は、一般的に〝不幸〟と思われること（おいしさに対する「空腹」）が通り過ぎたところにしか、存在しない。

「空腹」がたまごの白身、「おいしさ」がたまごの黄身です。「空腹（＝白身）」の中に、

「おいしさ（＝黄身）」が抱かれている。

しかし、この「たまご構造」は「生たまご」でなければなりません。

生たまごは、割って器に入れたときは、白身と黄身が分離していますが、シャカシャカとかき混ぜてしまうと、まったく境界線がなくなり、みごとに溶け合ってしまいます。一度かき混ぜたら、それを白身と黄身に分けることはできない。

なぜなら、白身も黄身も、本質は同じものだからです。本質は同じものだから、完全に混ざり合ってしまう……。

一方、ゆでたまごは、白身は白身、黄身は黄身で分離し、独立しています。

ですから、〝幸〟と〝不幸〟は、たまご構造。しかも、ゆでたまごではなく、生たまご」ということになるのです。

余談ですが、あるところでこの「たまご構造」の話をしたところ、ある方から次のように教えていただきました。

白身と黄身をシャカシャカと混ぜ合わせて焼くと普通のたまご焼きかスクランブルエッグになるわけですが、激しくかき混ぜずに白身と黄身とがお互いに折り合っていることがわかる程度に軽くかき混ぜたほうが、「おいしく」焼き上がるのだとか。

同じような話で、稲の生育に関しても、学者の面白い話を聞きました。

おいしいお米ができるためには、いくつかの必須条件があるのだそうです。

適度な日照、適度な気温、適度な（土の）水分、適度な炭酸ガス濃度、それに、適度な風、なのだそうです。

風、と聞いて、不思議な気がしました。

風は、稲の生育にとって〝敵〟のような気がしていました。台風になぎ倒されてダメになった稲をたくさん見てきましたから、風は大敵のように思っていたのですが、風は〝味方〟にとどまらず、〝必要なもの〟であったということです。

〝不幸〟に思える現象のおかげで、人は向上し、成長していくらしい。

〝幸〟も〝不幸〟も、宇宙現象としては存在しない。赤いメガネで見れば赤く、青いメガネで見れば、世界はすべて青く見える。

今まで〝不幸〟と思っていたことを、〝幸せ〟の前半分かもしれない、と考えてみると、世の中が違って見えてくるかもしれません。

対比するものがあるから概念が生まれる

数年前、ある有名デザイナーがこんな内容の文章を新聞に書いていました。

何かものをつくるにあたって、形としてのデザインも重要だが、色も重要な要素だ。色というものを自分の中でさまざまにとらえ、さまざまに表現してきたが、ここ数年は「モノトーン」、つまり「白と黒」に強く関心がいっていた。

それが、最近、白は単なる白ではなく、黒は単なる黒ではないと思うようになった。白より白い白があり、黒より黒い黒がある、ということに気がついた。

白より白い白とは、黒の中の白であり、黒より黒い黒とは、白の中の黒である。対比される黒が黒いほど、その中に存在する白は白さを増し、輝く。

同じように、白が白いほど、その中に使われる黒は黒さを増し、輝く。

……そんなような内容でした。

白は、単独で存在しているより、黒の中にあることで「白さ」を増すということなのです。黒も、単独で存在しているより、白の中にあることで「黒さ」を増すということになります。

仮に、白を「幸」、黒を「不幸」と置き換えたとしましょう。

そうすると、「幸」の中の「不幸」はますます〝不幸度〟を増し、一方、「不幸」の中の「幸」はますます〝幸福度〟を増す、ということになるのです。

私たちは、目の前に起きる現象を、いつも「幸か不幸か」、あるいは「幸運か不運」に分けるよう、訓練されてきました。

一般的にいう「幸」や「幸運」は、大学や就職試験がうまくいった（受かった）など、自分の思いどおりの結果が得られたときに使う言葉です。

逆に「不幸」や「不運」は、病気になるとか事故にあうとか、会社が倒産するとか、自分の平和、平穏をおびやかすものをいうのでしょう。

しかし、ここでちょっと考えてみます。

たとえば、生まれた国土が毎日気温三〇度だったとしましょう。生まれてこのかた、二九度にもなったことがなく、三一度になったこともなく、湿度もずっと五〇パーセントだった、そういう国を想定してみるのです。

その国の国民は、誰か一人でも、「今日は暑いですね」とか「今日は涼しいですね」と言うでしょうか。

答えは多分、「ノー。」

誰も「暑い」「寒い」を口にしないだけでなく、その国の概念として「暑い」「寒い」という言葉自体が、存在しないにちがいありません。

つまり、対比するものがあってはじめて、二つの概念が存在する。

「思いどおりになった」ことが「幸」であり、「幸運」であるなら、その反対に位置するのは「思いどおりにならなかった」という概念です。「病気」や「事故」とは、違う概念です。

では、「不幸」や「不運」とされているのが、「平和・平穏をおびやかすもの」（病気や事故）であるとするなら、その反対側に位置する概念は、「平和・平穏であること」にほかなりません。

私たちは実は、四つの概念に囲まれていたのです。それを整理してみると次のようになります。

①一般的な「幸」や「幸運」
「自分の思いどおりになること」
②①の反対の概念
「自分の思いどおりにならないこと」
③一般的な「不幸」や「不運」
「平和・平穏でないこと」
④③の反対の概念
「平和・平穏であること」

このように整理をすると「①と②」と「③と④」は、まったく違うことについていっていることに気づきます。

まったく違う二つの概念、二つの価値観であるのに、①の対極にある概念や現象が③である、と思い込んできてはいなかったでしょうか。

結論をいうと、「不幸」や「不運」の反対概念（「幸」であり「幸運」）は、③に対する④、つまり、「平和・平穏であること」なのです。

私たちは〝幸せの海〟に生きる魚

海に魚が泳いでいます。

この魚は、生まれてから一度も海の外に出たことがありません。

「海というものをよく話に聞くが、一度も見たことがない。海を見てみたい」と願い、念じたとします。

その魚が泳いでいる岸辺に、人が座り、釣りをしていました。魚の〝念〟を感じとった人は、釣り針のついた糸を魚の前に垂らします。魚は、「このエサに食いついてみれば、きっと〝海〟が見られる」と、パクッとかみつきます。それを感じて、人は糸を引き、魚は海中から生まれて初めて外に出ました。

そして、外から確かに〝海〟というものを見ることができました。しかし、苦しい。

「もう十分に〝海〟の広さ、大きさがわかりました。もう〝海〟を見る必要はないので、海に戻してください」と魚は人に頼みます。

人はその願いを聞き入れ、魚を海に戻してあげました。

この話の中の「魚」が「私」。「海」は「幸せ」というものの本質です。

私たちは「海という名の〝幸せ〟の中に泳ぐ魚」でした。

願いや望みや思いがかなうことではなく、生きていること自体が、何もないことが、何も起きず、平穏無事であることが、「幸せ」の本質なのです。

「海を見てみたい」と念じた魚に釣り糸を垂らしてくれたのは「神さま」です。

釣り上げられて海を出て、初めて海を見たものの、海から出ているので苦しい、呼吸ができない、という状態が、もしかしたら「病気」や「事故」なのかもしれません。

「〝幸せ〟の本質である海」を認識できず、その「幸せの海」の中にいながら、「幸せを見たい」「海を見たい」と叫んでいたため、確かに〝神〟はかぎりない優しさをもってその願いをかなえてはくれました。しかし、「釣り上げられた魚」は、苦しくてつらいのです。

今、ここで、「私は〝幸せの海〟の中に生きている魚なんだ」と認識したとしましょう。

平和・平穏で、穏やかに静かに、淡々と流れていく「日常」こそが、「幸せ」の本質であることに気づきます。幸せの海、海の幸せ……。

何かを思いどおりにすることや、願いや望みをかなえることが「幸せ」なのではありません。「幸せ」とは、平和・平穏に過ぎていく日常そのものであるらしい……。

そこに気がつけば、もう「外に出たい」「海を見たい」（「幸せ」に出合いたい）と叫ぶことはなくなるはず。そして、そのように叫ぶ声が釣り人（神さま）に届かなければ、釣り人は、魚の前に釣り針を垂らしてきたりはしないでしょう。

白の中の黒、黒の中の白。

平和・平穏であることが「幸せ」の本質であることに気づき、感謝できたら、平和・平穏の素晴らしさ（白）を、より感じさせるための災難（病気や事故＝黒）は、多分やってはこない。

一方、平和・平穏をおびやかす災難（病気や事故）は、平和・平穏である日常生活がどれほど喜ぶべきもの（幸せの本質）であるかを教えに来てくださった、素晴らしい使者でもあったのです。

川の流れに、舟を浮かべているだけ

たとえば、時速一〇キロで流れている川にボートを浮かべているとき、人は「漕《こ》がなくてはいけない」と思ってしまいがちです。ボートを浮かべて「そのまま流れ下っていいんだ」と教えられてはこなかった。

時速一〇キロの川の流れに対して、上流に向かって時速一〇キロで漕いでいる人は、外から見ていると、少しも動いていません。

「あの人、いったいいつまで同じところにいるのかな」という状態。

大汗をかいて「こんなに私は、努力してがんばっているのに、なぜ、人生変わらないの」と本人は嘆く。しかしそれは、上流に向かって漕いでいるのかもしれません。流れに逆らっている。

じゃあ、今度は、下流に向かって漕いでいる人はどうか？　左右の岸にすごく面白い人たちがいるにもかかわらず、動きが速すぎて、その人たちに手を振っている余裕がない。笑顔を交わすことすらできない。

結果として、ものすごい速さで流れ下っていくのですが、その先は、ナイアガラの滝のようになっている。わざわざ急いで行かなくても……。

ナイアガラの滝というのは、つまり死というものです。人間の肉体の死です。自分は、一生懸命やっているつもりでも、もしかしたら、死に急いでいるということかもしれません。

では、味わい深い人生を送るためには、どうすればいいか。

川の流れに舟を浮かべているだけ。

漕がない人生はどうかといえば、左右の景色を楽しみ、風を感じながらゆったりと流れていく。それが、とても豊かな選択のように思えます。

この流れをあれこれ変えようとせずに、「おまかせ」してみてはどうでしょうか。

身をゆだねるとは、そういうことです。

そして、ゆだねはじめた人からは、ほんわか温かい空気が漂ってきます。おまかせした人は、生き方もしなやかですから、まわりの人はその人に対して「あれやって」「これやって」といろんなことを頼みたくなるようです。とても頼まれやすい人になる。

そのときに「自分は今まで何も考えないで、のほほんと生きてきたけど、頼まれごとを引き受けることが、生まれてきたことの意味かな。喜ばれることかもしれないな」と思いながら、あちらに動かされ、こちらで楽しい人々と出会い、というのをやっていくことになります。

さらに、流れを素直に受け入れれば受け入れるほど、宇宙はどんどん示唆をくれるようになります。すると「どうも自分はある方向に向かって、同じようなことを頼まれているようだ」と感じはじめます。

ある人は、心安らげる場所を提供する。ある人は、子供たちと笑顔で接する。というような、ある種の方向性みたいなものに気がついてきます。そうしたら、そのまままわりの皆さんが持ち込んでくることを、もう何も考えずに、ただやっていけばいい。

不思議なことに、自分で努力目標を立ててがんばっていたころよりも、風に吹かれ、川に流されて生きているほうが労働量が多かったりするのですが、好き嫌いを分けない心になっていると、悩んだり苦しんだり迷ったりすることが少なくなる。精神的なストレスがなくなって、元気でいられます。

私も二十年くらいかけて、一切抵抗しないで、宇宙が「こうしましょう」と示唆している流れに舟を浮かべて下っていく、という生き方になってきました。

〝風〟に従い、〝流れ〟に従う。こういう人を、「風流な人」と呼びます。

「風流な人」でいることは、人生の喜びを優しく感じることができる生き方のようです。

第6章

人間関係のしくみ
――夫婦も親子も魂を磨くための砥石

自分と隣人との違いは〇・一パーセント

人間は、遺伝子的にみると一人ひとり違っています。そこで犯罪の立証に指紋と同じようにＤＮＡ鑑定が用いられます。

では、隣の人同士のＤＮＡは何パーセント一緒でしょうか。

こう質問すると、「七〇パーセント」「八〇パーセント」と答える人が多いのですが、正解は「九九・九パーセント」。隣の人同士は、なんとＤＮＡが九九・九パーセント同じなのです。違っているのは、たった〇・一パーセントだけ。それで、顔がちょっとずつ違うとか、胴回りがちょっとずつ違うというようになっています。

音叉《おんさ》というものがあります。同じ大きさ、同じ構造、同じ重さの音叉を二つ用意して、一方をポンと叩《たた》くと、ビーンと唸《うな》ります。その叩いたほうを、ピッと止めると、そちらの振動は止まりますが、まだビーンと音が聞こえてきます。どうなっているかというと、叩いていないほうの音叉が鳴っている。

これを〝共鳴共振〟といいます。

組成構造が似たもの同士は、一方がある感情をもって振動していると、もう一方の近くにいるものにも、全部影響を与えます。九九・九パーセント遺伝子が一緒ということは、同じ組成構造といってもいい。

ということは、大声で笑っている人の隣にいるだけで、ものすごく元気になって楽しく幸せになるのです。

講演会などに行って、百人の会場の中で仮に九十人くらいが大笑いをしていると、体調の悪い人や、不機嫌な人など、残りの十人くらいの人も、ついつい笑ってしまって元気になって帰っていくことになります。

だから笑顔になれる環境は、すごく重要なのです。でも実際は、たとえば電車の中では、なかなか思いきり笑えない。喫茶店で、思いきり笑いたくても笑えない。特に、夜、家族が寝静まっているところでは笑えません。

だから、もし今笑える環境にいたら、笑ったほうがいいのです。せっかく参加費を払って講演会に来たのだったら、皆が笑っているときに不機嫌な顔をしないで、思いきり笑ってしまったほうが、いい波動、明るい波動を受けて、自分も元気になります。

もし、その日、少し体調が悪いとか、疲れ気味という人がいて、その両隣の人が、本当に心をこめてうれしそうに楽しそうに、「うれしい」「楽しい」と言ったとする。そうすると、真ん中にいるその人は元気になっているはずです。

大変不思議なことに、家族の中で病気の人がいるとき、その病気の人が、自分の口では「うれしい」「楽しい」「幸せ」「ありがとう」という言葉をずっと言いつづけていたにもかかわらず、病気がより悪くなってしまうことがあります。

病気の人が、無理に病気と闘わないで、受け入れてニコニコしていたら、その結果として病気がどんどんよくなるはずなのですが、全然よくならないで、どんどん悪くなってしまったという場合もあるのです。

そういう人には、ある共通項がありました。それは、家族に心配性の人がいた、ということです。

その家族や周辺の人で、心配ばかりして、悪いことばかりを考えていた人が存在していた可能性があるのです。「目の前の人のことを心配してあげるのが、優しいことだ」と誤解をしている人がいる。その人が、二十四時間三百六十五日、病気の人を心配しつづけた結果として、心配されていた人の体がどんどん悪くなってしまった、ということがある。

それは、共鳴共振だったかもしれません。

逆に、本人が「苦しい」「つらい」とか愚痴《ぐち》を言っていても、「大丈夫、大丈夫、全然なんでもない」というふうに家族やまわりの人が言っていたら、本人は「そうかな」と言いながら、どんどん元気になってしまう、という場合もある。

隣の人とは、九九・九パーセント遺伝子が一緒。自分の子供や親というような場合は、さらに近い関係です。〝私〟が思うことによって、〝私〟がニコニコすることによって、近くにいる人の体の細胞が変わる。

よく考えてみると、家族であろうが他人であろうが、ＤＮＡの目でみたら、ほとんどといっていいほど一緒と考えてよい。

私は、皆さんに何かを伝えたいとか、「このように生きてください」「お願いだから幸せになってください」と頼んでいるのではありません。私自身は幸せに生きていますが、その話を聞いて、幸せになりたい人も幸せになりたくない人も、「勝手にすれば」という立場です。

「幸せにしてあげたい」と思った瞬間に、「あなた方は幸せじゃないですよね」と言っているのと同じです。だから、私は、皆さんに対して幸せになってもらいたい、とは全然思っていません。もともと、方向性をもっていない。自分自身が幸せなので、幸せをかみしめながら生きているだけ。

楽しそうに生きている人のそばにいると、自分の体も楽しそうな状況になる。愚痴や泣き言ばかり言っている人のそばにいると、細胞がシュンとして元気がなくなる。

そばにいる友人や家族とは、互いに大きく影響し合っています。

人をなんとかせずに自分がなんとかなる

「今、自分の家族に、すごく元気のない人がいる。病気の人がいる。引きこもりの人がいる。うつ病傾向の人がいる。自閉症傾向の人がいる。そういう人をどうしたら治してあげられるでしょうか」

という相談をものすごくたくさん受けます。

そういう人に私が言うのは、その人をどうこうするのをやめて、自分がどう生きるかだけを考える、ということ。家族は、まったくといっていいほど遺伝子の組成構造が同じなので、「私」が元気に楽しく幸せに明るく生きていると、家族の人はどんどん元気になります。

もし、家族で一人でも、楽しく幸せでニコニコしていて、「ああ、今こういうふうに丈夫に幸せに生きていられることは、本当にありがたいね」と宇宙に向かって感謝をしている人がいると、それが伝わって、他の家族も元気になってしまいます。

ものすごく簡単です。共鳴共振。

しかも、他人だと思っている人も、目の前の人もなんと九九・九パーセントの遺伝子が一緒。

まわりの人は、ニコニコと笑っているあなたの影響を受けて、より元気になるでしょう。

この前もこういう質問をした人がいます。

「自分の父親が、怒って威張って家族との折り合いが悪い。ずっと部下に対して、怒って怒鳴って、人間関係がすごく悪い人なので、まわりが大変です。そういう父親の場合には、僕は何を言ってあげたらいいですか」

この質問に対して、私はこのように答えました。

「私だったら、『その父親をなんとかしよう』とは考えません。考えるのは、〝私〟がどう生きるかだけです。その父親をどうにかしてあげようというのは無理。人が人を変えることはできません。人を変えることはできませんが、〝私〟が〝私〟を変えることだけはできます」

病気、事故、災難など、トラブルに巻き込まれたときに、「大変だ」というのは、自分が大きく変わるとき。大変というのは、そういうこと。世の中が大変、ということはない。そんな話を聞いて「なるほど」と思って、そうか、家族をどう変えるかではなくて、自分がニコニコすればいいのだ、と生きはじめると、共鳴共振というかたちで家族が勝手に変わっていく可能性がある。

説得をして、論破して論理的に納得させるのとは違う。体の中身から、組成構造を変えてしまうということです。

「お父さんが認知症にならないために、どうしたらいいか」と考えている暇とエネルギーがあったら、自分が共鳴共振の元になってしまうこと。それが一番早い。この方法は、家族だけではなくて、隣近所、友人、全部に影響を与えていきます。

もし、同じような価値観の人が友人になってくれたら、暗い人が一人いても、その一人はあっというまに明るい人に染まってしまう。一人が闇《やみ》を投げかけていても、十人の光に囲まれたら明るい人になる。説得をする必要はありません。

目の前の人が暗い話をしていたり、荒っぽい性格だったり、怒鳴りまくっている家族がいても、いちいち腹を立てたり怒ったりしないで、自分がニコニコと穏やかに、「うれしい」「楽しい」「幸せ」「愛してる」「大好き」「ありがとう」「ついている」と言って、タ行淡々と、ナ行ニコニコと、ハ行ひょうひょうと、マ行黙々と、生きていくことができたら、その影響力は影よりも光のほうが強い。

どんなに暗い人がいても、自分がまわりを明るくすることができるのです。

身近な人はみんな自分を磨く砥石

砥石《といし》といっても、最近は知らない人も増えているのではないでしょうか。

刃物を磨く石のことです。現代では包丁を研《と》ぐぐらいしか使い道はありませんが、日本刀が主な武器であった江戸時代には、刃物の研ぎ職人が多数存在しました。

砥石には、もともと自然石が使われていましたが、現代ではセラミックのものが多くなっているようです。

親子関係や夫婦関係で相談を受けるとき、私はよくこの「砥石」という言葉を使います。

「夫が砥石」「妻が砥石」「子供が砥石」と言うわけです。

結婚を「ゴールイン」と呼ぶ場合がありますが、多くの人がいうように、結婚は「ゴールイン」ではなく、「スタート」であるように思います。

結婚とは、「夫という名の砥石」、あるいは「妻という名の砥石」を手に入れたということではないでしょうか。

夫婦という名の〝共同生活〟は、食べ物の甘い、辛いという感覚さえ、まったく同じということはありません。気温が二五度のとき、それを「暑い」と思う場合も「寒い」と思う場合も「快適だ」と思う場合もあります。

それら一つひとつに「折り合いをつける」ことが、〝共同生活〟である結婚ということにほかなりません。

独身のときは、自分の「甘い」「辛い」は問題にならず、「暑い」「寒い」も問題にはなりませんでした。

しかし、それらの個人的な感覚を、そのままでなく、少しずつ修正して相手の側に近づけるという作業が〝共同生活〟には必要になってきます。

「砥石」が一つできたことで、「私」という人格は、間違いなく磨かれます。「わがまま」で「自己中心的」であった性格が、少しずつ修正されて、マイルドでやわらかいものになります。少しずつ修正されることを、「歩み寄る」という言葉で表現する場合もあります。

結婚する気にならない、したくない、と言う人に対し、私はよく、こう話してきました。

「魂のことを研究していくと、一般的にいわれている『結婚はゴールイン』というのは、どうもまったく正反対のようです。結婚は、人格磨きの『スタート』なのであって、夫や妻を得たというのは、砥石を一つ手に入れたということにほかなりません。義父や義母との同居となれば、砥石を一度に三つ手に入れたということであり、子供が一人生まれたら、砥石をもう一つ増やしたということになります。もちろん、結婚は、相手にとっての砥石でもあります。

ですから、どちらかが研ぐほうで、もう片方が研がれるほうという具合に、きっちり分かれるわけではなく、相互に磨き合う、研ぎ合う、という関係になっているようです。

逆に、結婚をしない人というのは、『結婚をしないでよい』と神さまから言われている人なのかもしれません。

自我が強い人ほど、結婚をし、子供が生まれ、同居の数が多いということになっているようです。結婚をしないですむようなら、それは、『あなたの人格はそのままでよいから、結婚生活で使うであろうエネルギーを、他のために使いなさい』と言われているにちがいありません。結婚、結婚と考えずに、自分のエネルギーの余力を何にどう使うかを、ぜひ考えてください」

こんな考え方は、「少子化」を問題視する人々とは少し違うものになるのでしょうが、魂の研究をしてきて、こういう結論になってしまいました。

さらに、〝魂の研究〟の結果について、話を続けましょう。

実は、「魂を磨くための砥石」は、結婚だけではないようなのです。

親子の関係でいうと、親は、子供が思いどおりにならないと怒ったり、イライラしたり、腹を立てたりします。しかも、これも「魂」のレベルでみると、どうも、「親が子を育てている」のではないようです。

親が、ある種の価値観をもっているとします。が、子供はそのとおりに育つわけではありません。

「なんで勉強しないの！」

「なんで勉強しなくちゃいけないの？」

「いい学校に入るためでしょ！」

「なんでいい学校に行かなくちゃいけないの？」

「いい会社に入るためなの！」

「なんでいい会社に行かなくちゃいけないの？」

「いい会社は給料がよくて、いい暮らしができるからでしょ！」

「給料がよくて、いい暮らしができるってどういうことなの？」

「それで幸せになれるの！」

「僕はそんなことで幸せになれるとは思わない。僕は毎日絵を描いて暮らせたら幸せだもの」

こんな会話をしてくると、多くの親は、突然怒鳴ってしまうのです。

「なまいき言うんじゃありません！」

そして、怒り、イライラし、腹を立てることを続けるのです。

こんなとき、子供に対して、決して怒らない、イライラしない、腹を立てない、ということこそが、親の側の人格を磨くことになります。

だから、親が子供を育てているようにみえますが、実は、「どんなことがあっても子供に対して怒鳴らない、怒らない、腹を立てない」というように自分をコントロールすることによって、親自身が人格を高めていることになります。

「こういうときには声を荒げるものだ」と、子供に見せつけていけば、子供はそのように〝刷り込み〟をされます。

「こういうときには腹を立てるものだ」「こういうときにはイライラするものだ」と親が〝見本〟を示せば示すほど、子供はそのように真似をし、そのように育つのです。

子育てを通して、親が「どんなときでも怒ったり怒鳴ったりせず」笑顔で話をする、というように〝人格を向上〟させていったら、〝人格者〟である親に呼応する人格の子供になるのではないでしょうか。

子供を変えよう、育てよう、という意識が強いときは（自分が〝正義〟であり、〝子供のためにそうしているんだ〟と思っている限り）、自分が「人格者」になることを放棄しているのかもしれません。

結婚も、子育ても、実は、「砥石」としてのかかわりだったことがわかると、今までとは違う対応になることでしょう。

家族や家庭生活が「砥石」であることに気づいたとき、多くの人は、「もしかしたら、他にも砥石があるのではないか？」と思うのではないでしょうか。

そのとおりなのです。

「砥石」は、実は、大別して三つの分野が存在するようです。

一つは「家族と家庭」。夫婦も子供も同居の家族も、すべて、「砥石」です。

そしてもう一つは「仕事」。仕事も、人格を磨くための砥石にほかなりません。どんなに仕事ができても、優秀な技術をもっていても、「人格」が荒れている場合は「何のために仕事が存在するのか」がわかっていません。

仕事を通して「どんなときでもイライラしない、怒らない、腹を立てない」ことを、魂は求めているようです。人の上に立てば立つほど、です。

そして、最後の一つは、「他のすべての人間関係、交友関係」。

「それでは、生活のすべてではないか」と言われそうです。

そのとおり。

私たちは、すべての日常生活で、「いかにイライラしないか、笑顔でいられるか」を問われているようです。

「怒ってもいい状況」などは存在せず、「怒らせる人がいる」わけでもありません。本当は笑顔で解決することができるのに、〝面倒だから〟〝簡単だから〟、とりあえず怒って解決、という道を選んでいる。

すべての日常生活が〝私〟を磨く砥石です。

厳しさは暴力を教えることに通じる

あるお母さんがこんな相談をなさいました。

「小学校六年の男の子と小学校四年の男の子がいるのですが、この二人はすごく仲が悪くて、毎日学校から帰ってくると、取っ組み合いのケンカをしている。正観さんは、『声を荒げて怒鳴るな、怒るな』と言いますが、この二人の間に声を荒げて、割って入らなければ、この二人のケンカは止まらない。現実にそうしなくてはいけないのに、どうやって穏やかに毎日過ごすことができるのですか」

「その小六と小四の子供のケンカに、お母さんが大声を上げて、『ケンカをやめなさい』と割って入るのですね」

「そうです。そうしなければやめさせられません」

「大声で叫びながら、『なんてことするの』とか『ダメじゃないの』と二人を説得してきたのですよね」

「そうです」

この方は、目の前に気に入らない人がいたら、大声を出して、暴力的な態度と言葉で相手に言うことをきかせる、という方法を教え込んだのです。

この二人は、母親が教えてくれた方法をやっているだけ。それを母親がずっとやってきて、それ以外の解決方法を知らないのだから、気に入らない兄弟が目の前にいたら、取っ組み合いのケンカをするのです。親がケンカに割って入って大声で怒鳴る、という方法をやっている限り、子供たち二人は、ずっと変わらないでしょう。

それを教えられた子供は、大きくなって結婚して、子供をもつと、怒って怒鳴って威張って、暴力的に声を荒げて、強権・強圧的に育てるという方法で教育する。

そして、その方法をずっと踏襲している家系は、何十代もずっとそういう方法だけで子育てがまかり通っていく。そして、その中に厳しい親子関係に耐えられなくて爆発する子供が、何十世代に一人、出るのです。

気に入らなかったら、まわりの人間に暴力的に接しなさい、という方法論だけを教わった。そして、鬱積《うっせき》して、自分の心の中にたまって、どうしようもなくなったエネルギーが、親は暴力的だから直接的には返せないので、そうではないもっと弱い人間に向けられる。

だから、暴力的な子育ての方法を改めないと、何世代か後の殺人犯を育てていることになってしまいます。感情をコントロールできなくて怒鳴ってしまっていることが、何十年か何百年先の殺人犯を生んでいる。それが、因果関係としてわかったら、今日から怒鳴らないことをお勧めします。

皆さんは、「子供がかわいい。まだ生まれてない孫がかわいい。これから、世の中に出てくるひ孫、四代先、五代先の子々孫々が、みんな平和で穏やかに人から憎まれないようになってほしい。社会に旅立つときに、反社会的な行動をしないような子供になってほしい」と思って生きていることでしょう。そこまでは間違っていない。

でも、やっていることは逆です。社会に対して攻撃しろ、気に入らなければ暴力的に闘え、という教育を今日までやってきたのかもしれません。そのことに何十世代もの人が気がつかずに、ずっと同じ子育てをしてきました。

そういう子育てをすると、子孫にそれが出てしまう、ということに気づいてください。自分の世代にこれらを解決できたら、ものすごくラッキーです。

今日から強権・強圧的にではなく、笑顔で穏やかに言う、伝えるということをやりはじめたら、子供はどんどん変わります。

その事実にハッと気がついた人は、今、この瞬間から始めるといい。「じゃあ、今日は十一日だから、月の半ばの十五日から始めよう」とか「今は十二月だから、新しい年になった一月一日から始める」と言う人がいます。

面白いことに「五日後に始める」と思っている人は、五日後から始めないのです。「一月一日からやるぞ」という人に一月一日から始める人はいない。

「今日やるぞ」の今日というのは〝今〟なのです。人間というのは、「今やるぞ」と決めない限り、まずやらない。「三日後に変わるぞ。三日後から自分を改造するんだ」と思っている人は、おそらく永久に変わらない。変わるとしたら、今だけ。

精神論や宗教論をいっているのではありません。もし、自分の子孫がかわいいのだったら、今やっている自分の態度を改めたほうがいい。そうしないと、子孫がかわいそうです。「私が子供に正しいことを言っているのに、子供が言うことをきかないのです。正しいことを言っているのだから、声を荒げていいでしょう」というのは、声を荒げていることのほうが問題。「正しいことを言っているから声を荒げていい」という理論は、結果的に暴力的な子供を育てます。

人は〝正しさ〟よりも〝好き〟で動く

正論だから相手が聞いてくれるわけではない。子供がその親のことを好きだったら聞きますが、嫌いだから聞かないという因果関係だけ。どうして嫌いかというと、感情がコントロールできなくて、すぐに怒ったり怒鳴ったり声を荒げたりするからです。

「大人」という言葉の語源は「音なし」からきました。どんなことがあっても絶対に声を荒げず、大声を出さない人を「大人」と呼ぶようになりました。

「大人しい」という形容詞もそこから出ました。「大人」「大人しい」「音なし」、全部語源が一緒です。声を荒げないことが、「大人」ということの意味。

英語に〝gentle〟という言葉がありますが、〝gentleman〟(ジェントルマン:紳士)というのは、「物静かな」「優しい」という意味です。ですから、〝gentleman〟は「物静かな人」ということになります。紳士とは、静かな、声を荒げない人たちのこと。

子供をきちんと育てるためには声を荒げなくてはいけない、さらには殴ってでもきちんと育てなければならないという人がいます。しかし、正当な理由があるなら、殴ってよいという理屈はありません。殴ってしまった瞬間に、気に入らない人がいたら、自分の思うとおりにするには、殴るという方法を教え込んだということになります。

だから、皆さんは、何があっても絶対に怒って、怒鳴って、殴ってはいけない。言いたいことがあるのだったら、穏やかに、にこやかに言う。言うことをきいてくれなくてもいいのです。子供との関係は、言うことをきかせることではなくて、穏やかに、にこやかに言うという、その方法論を教えることのほうがずっと重要であって、言うことをきかせることが重要なのではありません。

この話を、今日でも明日でもいいですから、子供にしたほうがいい。そうすると、「ほら、お母さん怒っている」「ほら、僕をひどいほうに導こうとしているよね」と言われるようになります。子供は必ずそれを指摘してくれます。

子供に対して怒鳴ったり怒ったり、という方法をやめる。それを教え込むことをやめる。そして、言いたいことがあるのだったら笑顔で言う。

「お母さんがいないときに雨が降ってきたら、洗濯物を取り入れてくれると、お母さんうれしいんだけどなあ」と言うと、初めは「ふん」と言われるかもしれません。それは、母親が、そうやって怒鳴って怒ってきたため。子供は、そのような親に共鳴はしない。

しかし、それを今日から改めて、絶対に怒ったり怒鳴ったりしないことにする。「そういうふうにしてくれると、うれしいんだけどなあ」と言って、取り入れてくれないのだったら、濡れたものは自分で黙々と取り入れて、黙々とアイロンをかける。

そういうのを五回、六回やっていると、これを見ていた子供は、「あ、お母さんが変わった」とお母さんに好意をもつようになる。そうすると、お母さんが「洗濯物を取り入れてくれるとうれしい」と言ったら、取り入れようと思うようになるかもしれません。

母親が笑顔で優しく話すようになると、子供が母親に好意をもつようになる。そうすると十年間痛めつけられてきた子供も、わずか三か月で母親に対する評価を変えます。

子供は天使です。十年間痛めつけられても、評価を変えるのに十年はかかりません。母親を好きになるのに三か月くらいですむ。子供は、そういう意味で天使であり、神さまなのです。十年間痛めつけられてきたにもかかわらず、わずか三か月で母親を好いてくれるのです。

子供は、それが正しいかどうかで判断しているのではありません。母親が好きになったら、どんなムチャなことを言っても「はーい、喜んでやります」と子供は答えるかもしれません。

だから、母親を好きになったら、「勉強しなさい」と言わなくても、勉強するようになります。「お手伝いしてね」と言っても「はーい」、「食事を作るのを手伝ってくれるかな」と言っても「はーい」、「皿を洗うのを手伝ってくれるかな」と言っても「はーい」と答えるようになります。そもそも子供は、母親を「癒《いや》す」ために、その母親を選んで生まれてきました。母親にやってあげたくて、この世に生まれてきたのです。

とりあえず、お母さんが尊敬されるような生き方、要するに声を荒げない、穏やかに、にこやかに生きていくということを実践してみてはどうでしょう。

本当の優しさの意味を考えよう

最近、いじめの問題が社会問題化しているのは、優しさの意味が伝わっていないからだと思います。

優しさというのは、大きな力をもっているものが、力の弱い者に対して、その強い力を行使しないこと。命令だ、などと言って行使しないことです。

親が優しい、上司が優しい、というのはわかりますが、「うちの子は親に対して優しいのよね」と言ったとたんに、「優しい」の意味が伝わらなくなります。

優しさというのは、常に強い立場の者が、弱い立場の者にその力を使わないということ。強い力や強権・強圧的な接し方をしないということです。

親と教師、両方から強権的な教えを受けた子供たちに、「優しさ」という概念は伝わらない。

今、学校の先生は、「おまえらなあ」という言い方をしているようです。私の講演会に見えた小・中・高の先生に、「おまえ」「おまえら」という言い方をしているかどうか聞いたところ、多くの先生がそういう言い方をしているということでした。

私が通った小・中・高・大学には、そんな言い方をする先生は、一人もいませんでしたし、生徒を呼び捨てにする先生もいませんでした。そういう意味では、どの先生も人格者でした。あの時代は素晴らしい先生方ばかりでした。

先生が「おまえら」という言い方になってしまったら、そこから先の生徒の態度がどうなるかは火を見るよりも明らかです。

親や先生が子供に対して、強権・強圧的な接し方をするとどうなるか。子供は、優しさという言葉の意味が理解できないまま育ってしまいます。

「弱い者いじめ」という言葉の意味がわからない。「弱い者いじめをしないこと」が、「優しさ」であるということを誰からも教わらない。優しさを教え込むことができないから、弱い者いじめが横行するともいえます。

いじめがなくならないのは、家庭と学校という、弱い者いじめのルートが二つもあるからです。強い立場にある親は有無をいわせず強権的に子供を叱《しか》るし、先生も高圧的に子供に対応するとなると、子供にとっては、その両方から「弱い者いじめ」にあうことになるわけです。

そうした立場にある子供は、当然、自分より力の弱い者に対して、いじめる方向にいくでしょう。「弱い者いじめ」という概念がわからないのですから。

親もそうだし、先生もそれをやっている。弱い者に対しては、そういうふうに接していくものだという見本として、二つのルートで教わるわけですから、子供たちも当然そうなるでしょう。

強いものには頭《こうべ》を垂れるけれども、弱い者に対しては、いじめるということになります。親の意識も、自分が属している社会というルートで教育されています。ですから、弱い者いじめという概念の反対は、優しさであり、優しさとは、強い立場の者が弱い立場の者をいじめないということなんだ、ということを社会全体が理解しないと、歪《ひず》みがずっとたまっていくことでしょう。

強い立場の者が、その強い立場を使わないことを身をもって示していかないと、若い世代には伝わりません。

強権・強圧的な接し方をしないこと。その権力を使わないこと。それを「優しさ」と呼ぶのです。

ジョージ・クラベルの世界から離れよう

「『身長が二メートルの人』と『体重が一〇〇キロの人』と、『足が三〇センチの人』では、誰が一番『大きい』でしょうか」という質問を、私はよくします。正解は、比べられない、答えられない、です。

まったく違う基準のものを、比べたり、競争させたり、評価することは、もともと無理な話なのです。

これは子供の教育にも、当てはまります。

子供をみていると数学が好きな子、体育が得意な子、あるいは裁縫が上手な子、など、いろいろな個性があるでしょう。

そのような中で、何かに優れているからといって、その子供が、他のどんな子供よりも優れている、とはいえません。

それと同じように、人それぞれに皆、個性や持ち味があって、人と比べることはできないのです。

そのように考えると、自分が、隣の人や他の人、一般的な社会の人に対して、あれこれと比べることには、意味がありません。

なんでも人と比べている人は「ジョージ・クラベル（常時比べる）の世界」に生きています。

「ジョージ・クラベル」の世界から離れること。人間の幸せの一つは、自分を他と比べない。自分は自分。他の人にはない優れたものを、人間は必ずもっています。

それを、全体的な評価として、AさんとBさん、あるいは自分と誰かとを比べる、ということは、もともと意味のないことでしょう。

自分が理想とする人格や生き方、考え方に向かって、毎日努力し、自己研鑽《けんさん》を積む、ということは、自分の中の問題（自分との闘い）であって、他人と比べることではありません。

自分自身が、その頂点に向かって、どれほど登っていくか、ということです。比べるのではなく、自分の〝楽しみ〟として登っていく。これを私は「ジコトザン・ノボリヴィッチ」（自己登山登り道）と呼んでいます。

「ジョージ・クラベル」（常時比べる）の世界からはなるべく離れることが必要ですが、

逆に、「ジコトザン・ノボリヴィッチ」（自己登山登り道）の世界にはできるだけ近づき、その中で生きていく、というのはどうでしょうか？

言うことをきかない「悪い子」に育てよう

「ジョージ・クラベルの世界」の話に関連して「よい子」「悪い子」ということについて述べましょう。

親が、よく子供に対して犯してしまう過ちの一つに、自分の子供と、他の子供とを比べて「ここが劣っている」とか「できが悪い」というような言い方をすることがあります。このようなことが何の意味ももたない、ということは、先に「ジョージ・クラベルの世界」のところで述べました。

もう一つ、親が子供に対して気をつけてほしいことに、「よい子」「悪い子」という点があります。

「よい子」の定義とは、一般的な意味でいえば、先生の言うことをよくきく子（先生の言親の言うことをよくきく子（親の言うとおりにする子）、親にとっての「よい子」とは、親の言うとおりにする子）です。

一方、「悪い子」というのは、先生の言うことをきかない子（先生の言うとおりにしない子）、親の言うことをきかない子（親の言うとおりにしない子）です。

今、まさに老衰で死にかけている親の立場から、子供を考えてみます。

親の言うとおりにしない子、親の言うことをなかなかきかない子、というのは、親にとって不満だったかもしれませんが、逆に親は、安心して死んでいけるのです。なぜなら、「悪い子」（親の言うとおりにしない子）というのは、自分の考え方や、自分の価値観で生きてきた子供だからです。

一方で、「よい子」を考えてみます。「よい子」というのは、先生の言うことや親の言うことを、すべて聞き入れてきた子供です。ですから、親に「こうしなさい」と言われたことには素直に従ってきたのですが、親がいなくなってしまったら、はたして自分の考えで生きていけるのだろうか、と思ったとき、親は不安になるかもしれません。

つまり「悪い子」のほうが、親としては、本当に安心して死んでいける、ということに気がつきます。

もちろん、ここでいう「悪い子」とは、人に迷惑をかける、とか、自分の欲しいものを得るために強盗をはたらく、というような意味での「悪い子」ではありません。「先生や親の言うことをきかない子」をそのように定義しているわけで、人に迷惑をかける、というのは、「よい子」「悪い子」の範疇《はんちゅう》には入らない、まったく別のジャンルの話です。

ですから、「『悪い子』を認めなさい」と言っても、人を脅したり、暴力的であったり、社会に迷惑をかけたりするような子供を、「それでいい」と言っているわけではない、ということをご理解ください。

先日、次のような相談を受けました。

二十歳の大学生の娘に、母親が「三十~四十万円の振り袖をつくってあげる」と言ったところ、「そんなお金があるのなら、私は振り袖はいらないから、アメリカに留学する費用として、それを現金でください」と言ったのだそうです。「親として、普通に、常識的に育ててきたつもりなのに、どうして、あんな変わった娘になってしまったのだろう」ということでした。

その母親の友人で、同じようなことを言う女性がいました。その人の大学四年生の息子は、「卒業したら、就職はしないで、世界の国々を旅したい。半年くらい、一人旅をしたり、どこかに住み込んで働いてみたり、そういうことをやりたい」と言ったのだそうです。その母親は、「普通に就職して、普通に働いて、普通に暮らしてほしいのに、どうしてこんな子になってしまったのだろう、どうしたらこの子を直すことができるのだろうか」と悩んでいたのです。

私は、この二人の母親に同じ答えをしました。「不肖の娘や息子どころか、大変素晴らしい教育をしたと思います。素晴らしいお子さんに育てられましたね」と。

私は、教育の専門家ではありませんが、多分、教育の本質というのは、「みんなと同じことをする子供にすること」ではなく、「自分でものを考え、その結果、自分で自分の行動や生活、生き方を組み立てていけるようにすること」であると思います。

普通に就職をして、普通に恋愛（あるいは見合い）をし、結婚して、子供を育て、そして普通に死んでいく……というのは、親にとっては確率的に（大多数の中の一員なので）非常に安心である、という意味にはなります。しかしそれは、子供の人生に対する価値観とは違うかもしれないのです。

そうではなくて、「振り袖はいらないから、それを留学の費用にあててほしい」とか、「普通の就職をするのは嫌だ。世界を周遊してきたい」と言うしっかりとした自分の考えをもった子供を育てた、ということは、素晴らしい教育をしたことにほかなりません。

その大学四年の男性について、もう一つつけ加えれば、「旅にかかる費用は全部、自分がアルバイトで稼ぐから、どうか好きなようにやらせてほしい」と申し出たそうです。「こんな素晴らしいお子さんをもって、なぜ胸を張って『私は素晴らしい子を育てることができました』と言えないのですか」、と私は半ば感嘆しながら、その母親に言いました。

また、これには後日談があるのですが、家に帰った母親が、私がした話を息子に伝えたところ、彼は「お母さんが、そういうふうに考えを変えるのは大変だろうから、何も変わらなくていいよ」と言ったそうです。今までどおり口うるさく、心配をし、「普通に素晴らしい子供になってくれ」と言う母親でいい、自分は自分の生き方でやっていくから、と言ったのだそうです。この話を聞いたとき、私は「本当に素晴らしい子育てをなさいましたね」と再度感動したものでした。

大変面白いことに、人類の文化や文明に寄与した人、ある発明や発見をした人、あるいは文学や芸術やスポーツ界に足跡を残した人、というのは、ほとんどが「悪い子」だった、という事実があるのです。

たとえば、エジソンは小学校時代、学校に行かず、毎日納屋にこもって、機械を分解しては、それをまた組み立てる、ということをしていました。そして、ある日、昼寝の途中で屋根から落ちて頭を強く打った彼は、突然、発明をするようになったのでした。

そういう「常識にとらわれない子」というのは、日本の「均一・均等」な人間をつくる教育（優秀ではあるが、集団からは突出しないような「没個性的」な人間をつくる教育）のもとでは、歓迎されてきませんでした。

日本は明治以来、富国強兵の名のもとで、重工業や工業の、非常に高いレベルの生産工場をつくるため、高学歴で優秀な人材をたくさんつくることを目指しました。確かに、その意味では成功したのですが、個性的で、自分の考えを自分の中に確立する子供、というのをつくらないようにしてきたように思います。

そのため、親は、その「没個性的」なものが正しく「個性的」なものは間違いである、というように信じ込まされてきたのではないでしょうか。

「悪い子」というのは、今の文化、文明の中に「もっと改善の余地があるのではないだろうか、これが究極のもの、完結したものだとは思えない」と思い、いつも分析をし、そして自分なりのよりよいものを考え、提案している、そういう人間なのかもしれません。

逆に「よい子」というのは、よい学校を出て、一流企業や官庁に入り、「その社会の中」で、ずっとよい待遇を受けていく、ということになるのでしょう。

ですから、今あるシステムや道具を批判したり、改善したりする方向に「よい子」が動く、ということは少ない。「悪い子」は、今のままではいけないのではないか、もっと改善できるのではないか、こういうことも考えられるのではないか、というところから出発しているので、新しい文化や文明の担い手になるのです。

まったく百パーセントというわけではありませんが、人類の文化、文明は、いわゆる「悪い子」がつくってきた、といって過言ではないでしょう。

「教育の本質」というのは多分、「平均的」な「一般的」な子をつくることではなく、「自分の価値観で生きていく」子をつくることであり、そのように子供たちを教え育んでいくこと、ではなかったでしょうか。

天才の親たちにはある共通項がある

天才たちの子供時代を調べていくうちに、映画『地球交響曲《ガイアシンフォニー》第一番』（龍村仁監督）に出演された、植物学者の野澤重雄さんの言葉を思い出しました。

野澤さんは、たった「一粒」のごく普通のトマトの種から、遺伝子操作も特殊な肥料も一切使わずに、水耕栽培で「一万三千個」も実のなるトマトの巨木を育てた人です。

ちなみに（トマトづくりをしている知人の話によると）、普通の土で育てた場合、「一粒」のトマトの種から収穫できる実の数は「二十五個前後」。実が小さくなることを覚悟して育てても、せいぜい「五十〜六十個」が限度らしいですから、この違いは相当なものです。

野澤さんは、一粒の種からそれほどまでの巨木を育てるのに、「技術的には何の秘密もなく、種に大きな違いがあるわけでもない。また、難しいことでもない」と話されています。

結局大切なことは、「生長の初期段階に、トマトに、いくらでも大きくなっていいんだという情報（十分な水と栄養があるという情報）を与えること」、そして「育てている人の心」なのだそうです。トマトと心を通わせて、激励してやることも大切らしい。

野澤さんのお話によると、トマトは、生長しようとするときに栄養が十分ないと、「おやおや、この勢いで生長するとマズイことになるかもしれないぞ。少しおさえて、このくらいでやめておこう」と判断して、生長をゆるめるのだそうです。しかし、十分な水と栄養があると、安心してどんどん生長するとのこと。

これは、大変興味深いことだと思いました。心を通わせて激励しながら育て、生長の初期段階に、「どんどん伸びても大丈夫だよ」という情報を与える……ただそれだけで、トマトが劇的に生長するというのです。

もしかしたら、人間にも同じことがいえるかもしれません。

「トマト」の話を、「人間」に置き換えてみます。

「生長の初期段階」とは、人間でいえば「幼いころ」。その時期に、愛情に包まれて「自分のもっている力をどんどん伸ばしていっていい」という情報を与えられつづけると、子供は安心してどんどん自分の力を伸ばしていくことができる……ということになります。

天才を育てた親たちをみてみると、素晴らしい可能性をもったトマトの種（子供）に向かって、「どうせ、たいしたトマトにはならないわよ（どうせ、たいした才能なんてないわよ）」とか、「隣のトマトより大きくならなきゃダメよ（ほかの子に負けちゃダメよ）」

とか、「がんばって、メロンになってね（がんばって、偉い人になってね）」とは言わなかった。かといって、子供に無関心だったわけでもなかった……。

まず、子供をまるごとそのまま受け入れています。弱い部分や失敗もすべてです。そしてどんなあなたでも素晴らしいし、大切なのだと伝えています。

何かができたときや、いい子にしているときだけ認められるという「条件つきの承認や愛情」ではなく、どんな自分でも大切、大好きと言ってもらえる「無条件の承認や愛情」を注がれたことで、子供たちの中には「自分を大切にする心」や「自信」が育っていきました。

「自分が決して否定されない場所、どんな自分でも受け入れてもらえる場所」をもった子供たちは、自分を責めたり背伸びしたりすることにエネルギーを使わずにすみました。親の前で、ありのままの自分を安心してさらけ出すことができたのです。

もっているエネルギーをどこに使うかは大切なポイントです。それを自分を否定することに使わずにすむというのは、大変ありがたいことです。

では、天才たちは、どこにエネルギーを注いだのか。

彼ら（彼女ら）は、自分の好きなこと、楽しいと感じること、夢中になることにエネルギーを注ぎました。エジソンも、ライト兄弟も、福沢諭吉も、手塚治虫も、美空ひばりも……。天才の親たちは子供が夢中になっていることを、十分やらせました。大人の価値観で判断してやめさせたり、他のことを押しつけたりしませんでした。

生長の初期段階のトマトに「どれだけ大きくなってもいい」という情報を与えると、トマトが驚くほど生長したように、「大丈夫。あなたはあなたのままでいいのよ。あなたの好きなこと、夢中になっていることをどんどん追求していっていいのよ」という情報を与えられた子供たちは、もって生まれた才能をぐんぐん発揮していきました。

どうやら、〝やっていると楽しくてワクワクすること〟〝夢中になれること〟というのが、その子がもって生まれてきた才能につながっているようです。

土いじりが好きな子は、陶芸家になる才能をもっているかもしれません。虫を追いかけることが好きな子は、素晴らしい昆虫学者になれるかもしれません。いつもぼーっと何かを考えている子は、偉大な哲学者になるかもしれません。大切なことは、子供が夢中になっていることを邪魔しないこと。

もう一つつけ加えると、天才の親たちは、子供が素晴らしい力をもっているということを信じていました。他と比較などしません。もともと素晴らしいものをもっているということが大前提です。

これも、野澤さんの言葉、「トマトの一粒の種は、素晴らしく生長する力をもともともっている」に通じています。

子供たちは、計り知れない力をもって生まれてきているようです。それをまわりの大人が心から信じられるかどうかが重要。特に、日ごろすぐ近くにいる親や教師が、それを心から信じて子供に伝えつづけると、子供たちの才能の扉が開くようです。

①子供をまるごと受け入れて、決して否定しない（無条件の愛情・承認を注ぐ）
②子供が夢中になっていることを十分やらせる
③あなたには素晴らしい力があるということを子供に伝えつづける

これが、天才たちの親にみられた共通項。うれしいことに、心がけさえすれば、おそらく誰でもできることばかりです。

こんな簡単なことで、子供が才能を発揮して、楽しく生きていける可能性があるのだったら、試してみない手はありません。

上下関係がスムーズにいく要素は〝尊敬〟

一般的に、社会の中で上下関係が存在すると認められている人間関係が、三種類あるように思います。

一つは親子、一つは上司と部下、もう一つは先生と生徒、の関係です。

いずれの関係も、「ある概念」があれば、行き詰まることなく、スムーズに流れていきますが、それが欠けているとき、うまくいかなくなるようです。

その概念とは、「尊敬」というものです。

基本的に、親は子に、上司は部下に、そして先生は生徒に対して、指導的で優位な立場にあり、それを社会全体が認めています。

しかし、それだけでは、人間関係はスムーズに流れていきません。そこに（上下関係の）上に立つ人間が、下の人間から「尊敬される」という概念が存在すれば、その人間関係は、非常にスムーズに進んでいくのです。しかし、上に立つ人が、尊敬されるような人格をもっていない場合、その人間関係は、かなりの確率で行き詰まっていきます。

親は、親というだけで、子供に対して威張ってはいないでしょうか。上司は、上司というだけで、部下に対して偉そうにしていないでしょうか。先生は、生徒に対してむやみに怒鳴ったりしていないでしょうか。

基本的に、上下関係というのは、そこに「尊敬される上の人」が存在するべきだと思うのです。

ある会社の社長さんが、部下を激しく怒鳴りつづけていたことがあるそうです。私はその話を聞き、「怒鳴られたり、怒られたりすることに対して手当が出るのですか」と聞きました。もちろん「そのようなものはありません」という答えだったのですが、そこで私は言いました。

「給料というのは、当然、『労働』の対価として支払われるもので、その中には『怒鳴られる』ことに対する報酬《ほうしゅう》は含まれないのですよね」と。

その社長さんは、しばらく黙っていました。誰が考えても、そのような報酬が入っているわけがありません。そこでまた私は言いました。

「上司という人は、多分、下の人よりも忍耐強く、寛容だから、『長』なのですよね」と。

さらに続けました。

「十人ほどの『係』があったとします。そうすると、係長は、その十人の中で最も忍耐強く、最も寛大であるのでしょう。課長というのは、『課』の中で、おそらく最も寛大で、忍耐強い人のはずです。同様に、部長は『部』の中で誰よりも、寛大で忍耐強い者であるはずです。では、社長というのが、どういうものかといえば、その『社』の中で、最も忍耐強く、度量が広くて寛大である……そのような人を、『社』の『長』（社長）というのだろうと思います」と。

この話を聞いて、社長さんがポツリと言いました。「社長の給料の中には、その『忍耐料』も含まれているのですか」と。

私は、その一言に思わずニッコリしてしまい、「ああ、それはとても素敵な言葉ですね」と言いました。

一般社員よりも高い給料をもらっている人は一般の人たちよりも、より忍耐強く、寛容であることへの報酬として、それをもらっているのだ、という見方もできるのです。

その社長さんは、またまた面白い一言を言いました。（聞きとれないくらいの小さな声でしたが）「だから俺の給料は少ないのか」と漏らしたのです。

私は思わず声を出して笑ってしまったのですが、その社長さんは、それからほとんど怒ることもなくなり、いつもニコニコと笑顔で仕事をするようになりました。

学校の先生の話でいうと、私たちの若いころの先生というのは、一人ひとりが、とても尊敬できる存在であったように思います。

たとえば、体育の先生というのは、体育大会に出て、やはり上位に入賞していました。

英語でいうなら、学園祭で外国人の来訪者があったとき、先生がその通訳をかって出て、校内を案内して回っていました。その先生はとても人気があり、尊敬されていました。

が、その一方で、普段の授業ではとても立派なことを言っているのに、学園祭には何年も顔を見せなかった英語の先生もいました。この先生は「生徒から尊敬される存在」からは、ほど遠かったように思います。

美術の先生でいうならば、自分も作品を出したり、生徒に作品を描かせて、それを出展させたりなど、種々の活動を行っている先生がいました。

そういう先生方は、生徒たちからも尊敬され（当然の結果、校内暴力などもなく）そして先生に対しては皆、自然に「尊敬語」を使って話していました。

上司と部下のことでいうならば、仕事ができる上司であるのはもちろんですが、部下の失敗に対してもなじったり（感情的になったり、威張ったり）しない、そういう人格上の忍耐強さややわらかさ、寛容さというものが、「尊敬」の対象になります。怒鳴ったり、怒ったり、声を荒げたりすることで「尊敬」を勝ち得ることは、絶対といってよいほどありません。

忍耐強く、いつもにこやかで、誰に対しても同じ態度で接する（たとえば、出入りの業者に対しても、上司や部下、男子社員や女子社員に対しても、区別することなく同じやわらかさ、優しさで接する）、そういう人格を身につけている人は、尊敬されるのです。尊敬される上司の部下は、よく働いてくれます。

つまり、上司だから偉くて、部下がコントロールされているのではない。親だから、というだけで、まったく無条件に子供が言うことをきくわけではない。先生だからというだけで、まったく無条件に子供が服従するわけではないのです。常にそこには「尊敬」という概念が必要です。それがあれば、上下関係はスムーズに流れます。逆に「尊敬」の概念がなければ、必ず行き詰まります。

これまで述べてきたのは、上下関係の「上」の立場の人についてですが、同じことが、「下」の立場の人にもいえます。

ある大学生が私に相談をしてきました。自分のやることに、親が常に口出しをしてきてやりきれないので、家を出て、アパート住まいをしたい、ということでした。

私は、「一人暮らしをすること自体は、独立心や責任感を養う、という意味で、プラスになると思います。が、あなたよりも人生経験の豊かな親御さんが、いつまでも細かいことを言いつづけるというのは、必ず訳があるのです」と言いました。

その大学生に、私はいくつか質問しました。「大学時代に、何か資格を取りましたか?」「親御さんが及ばないようなジャンルの勉強を、何かしていますか?」「この分野については、私はとても詳しい、というものがありますか?」……と。

その答えはすべて「ノー」でした。私は苦笑いをして、「それでは、親御さんが心配するのも当然でしょうね」と言いました。「親が子供に対して口うるさい」というのは、もちろん、親のほうに(口出しする、という人格上の)問題があるかもしれません。しかし、それと同時に「親からそのように言われてしまう自分」という存在も、やはり考えなくてはいけないのではないでしょうか。

何か一つでも、親には及ばないようなジャンルをもつこと。それが職業や収入と直接結びつかなくてもいいのです。そういう勉強や研究を続けている〝姿〟を見せることで、いつか親はわかってくれるでしょう。そうすれば、「口うるさい言葉」も、しだいに少なくなっていくはずです。

「上下関係」の間に、「お互いに尊敬する気持ち」があれば、あるいは、互いに「尊敬される存在になろう」との気持ちがあれば、多くの問題が解決していくような気がします。

あなたが、この世に生まれてくれて「ありがとう」

私たちは、小・中・高・大学そして社会から「人間は、努力することが尊いことであって、努力しない者は価値がないんだ」という価値観を、当たり前のように教え込まれてきました。その部分で、ものすごく刷り込みをされてきたようです。しかし、本当でしょうか。人間は努力しなくてもいいのではないか。存在しているだけで価値があるのではないか。その人が存在しているだけで心が温まって、優しい気持ちになれるなら、その人は価値があるのではないでしょうか。

私の長女は、知的障害者です。この子は、努力もしないし、がんばりもしない。才能もないから、がんばらなければ人間じゃないんだ、という価値観からすると、この子は価値がないことになってしまいます。

ところが、彼女が属していたクラスというのは、生徒みんなが優しかった。彼女の存在が、クラスの子を優しくしてしまったらしいのです。

どうしてかといいますと、この子は、ありとあらゆる場面において、争わないこと、戦わないこと、競わないこと、をずっとやってきたのです。

争うどころか、自分よりも弱い立場の子を見つけては、その子を助けようとしました。クラスの子供たちはそういう場面を見て、逆に、「この子を助けてあげよう」と思ったようです。

この子が、小学校六年生のとき、三学期の通知表に、つまり卒業のときに校長先生が特別に書いてくれたことがありました。こういう内容でした。

「六年生全員の中で、慶子ちゃんほど『ありがとう』を心をこめて言う生徒はいませんでした」

幼いときから、私たち夫婦がずっと「ありがとう」って言い合ってきたものですから、娘もいつのまにか「ありがとう」を覚えてしまったようです。

彼女は、「ありがとう」を言うときに、背を立てて言うことはないのです。ペチョーッと九〇度までお辞儀をする。この子が九〇度まで体を折って「ありがとう」って言う姿は、本当に美しくてかわいい。我が家で一番美しく「ありがとう」が言える人です。

以前、停めておいた車に乗ろうと駐車場に戻ったとき、料金所のおじさんの前を通るわけですが、私たちがサッサッと歩いていくと、長女だけが一人トコトコとおじさんのところまで戻って「ありがとう」と挨拶をしてからこちらに来ました。みんなあっけにとられてしまって、「あー、やっぱりこの子、すごいね」と声をそろえて言いました。

私たちは、料金所のおじさんのところまで行って「ありがとう」とは、なかなか言わないものです。が、考えてみれば、一時間とか二時間の間、車を見てくれていたのですから、「見てくださって、ありがとう」と彼女の目には映ったのでしょう。

長女を見ていると、この子は、人間が生まれながらにしてもち合わせている優しい心を呼び起こすために生まれてきたんじゃないだろうか、と思います。

彼女は、ただひたすら、その役割で存在しているかのようです。

この子ができることは、「ありがとう」って言ってニコッとする、ただ、それだけ。でも、その笑顔を見せていることによって、クラスの子供たちは、みんな優しい子供たちになっていった。同時に、この子と一緒に過ごしているいろいろな人たちも皆、優しくなりました。

この子は価値がないのでしょうか。

常識からすると、何かを成し遂げたり、成績を上げたりすることが、いいことのように思われています。もちろん、それも尊いことですが、その人が存在していること、その人がその人であることが、まわりをものすごく温かくし、穏やかにし、笑顔にする。そんな存在の人がいてもいいでしょう。

人間の価値というのは、ありとあらゆる視点に立てば、実に多様に存在しているのであって、努力することを好む人がいてもいいですが、努力だけが唯一の価値ではないでしょう。

基本的に、どこにどのようなかたちでいてもいい。すべての人は、喜ばれるために存在する。

一人ひとり、そこに存在してくださっていることに「ありがとう」なのです。能力者でなくてもいい。すごい功績を残さなくてもいい。ただ、そこに、あなたがあなたでいてくれるだけで喜ばれているかもしれない。それだけでいいのです。

エピローグ
喜ばれる生き方が人生を輝かせる

私は三十年にもわたって宇宙の事象・現象を観察してきましたが、どうやら、一つの結論として、次のようなことがいえそうです。

人間が生きる意味とは、世間でよくいわれるように、達成目標や努力目標をかかげて、それを実現していくことではなくて、どれだけ「人の間」で生きてきたか、他人からどれだけ喜ばれる存在であったかということのようです。

本気でそういう生き方をしている人を、宇宙は見捨てないようです。一生食べさせてくれるようなのです。

地球というのは、宇宙の中では本当に小さな小さな星です。

たとえば、地球をふくむ銀河系を一つの一円玉の大きさだと仮定してみます。地球からみると、夜空に横たわる天の川です。その中に太陽と同じような恒星はなんと二千億個もあります。

その一円玉＝銀河系の中心からちょっとはずれたところに、私たちが毎日見ている太陽があって、その三番目の惑星が、この地球です。

ちなみに、銀河系を一円玉とすると、それが数百個集まって、バレーボールぐらいの銀河団をつくっています。地球が含まれている銀河団を「天の川銀河団」といいます。これは、天の川銀河がふくまれ、他に名前のつけようがないので、人間が勝手にそう名づけているのです。

天の川銀河団を直径二五センチほどのバレーボールにたとえると、だいたい六メートル四〇センチ離れたところに、「おとめ座銀河団」という隣の銀河団があります。このおとめ座銀河団の大きさはなんと直径が数十メートルくらいもあって、そこには銀河が二千五百個も集まっています。

とにかく、想像もつかないぐらいとてつもなく広い宇宙の片隅に、ぽつりと私たちの住む地球が浮かんでいる。

では、神さまはなぜこんなちっぽけな地球をわざわざ選んだのでしょうか。

神さまは、宇宙船にのって、この銀河団に近づいてきました。おとめ座銀河団があまりに大きく、楽しそうな星を探すのに時間がかかると思ったのでしょうか、その隣にあるささやかな天の川銀河団のほうに入りました。そしてどの星を選んで降り立とうかと迷っているときに、中心からほど近いところに、青い美しい星がぽっかりと浮かんでいる。興味をもって近づいていきました。

すると、その星の表面には、驚くかな六十億もの微生物がひしめき合っている。しかも他の星と違って、服を着ている妙な微生物たちです。

それで、上空からこの星の様子をよく観察していると、ときたまチカッ、チカッと閃光《せんこう》のようなものが光る。表面に微粒子のようにうごめいている生物たちの間で、光が輝くのです。神さまは、興味をもって、地球というこの星に舞い降りることを決めました。

この光が見えるのは、人と人の間の空間が、ボーッと光ったときなのです。

誰かが誰かに、これをやってくださいと頼む。そして、「やっていただいてありがとう」と言うと、相手は、「いえいえ、喜んでくれたことがうれしいです」と返す。

このように二人の間に意思疎通があって、同じ気持ちが通じ合ったときに、両者の間の空間が、ボーッと光るのです。それを、上空から見ると、チカチカと点滅するいくつもの光になって見えるというわけです。

インドでハンセン氏病に苦しむ人たちの治療などを行い、一九九七年に亡くなったマザー・テレサのことを覚えている人は多いと思います。

あるとき、日本のある福祉関係の大学の教授が生徒を二十人ほど連れてインドのマザー・テレサの病院まで行き、そこで介護や看病を生徒に実際に体験させたそうです。

ご存じのように、マザー・テレサの病院には世界各地から多くのボランティアが集まり、その人たちの協力はマザー・テレサや病院にとっての重要な支援でもあるのです。

そのときは、大学教授は実際の介護にはかかわらず、介護ボランティアをした生徒のレポートを読んだだけでしたが、その中にある女子学生が書いた、こんな内容のレポートがありました。


その病院には、病室に電気照明がなかったそうです。

夜になると病室は暗くなり、ボランティアの仕事は日没とともに一段落、日の出とともに再開、ということでした。

ある日の夕刻、部屋の様子が見えないぐらいに暗くなったので、その女子学生はそろそろ仕事を終えて帰ろうとしました。

ところが、一番入り口に近いベッドにいた少年と目が合った。少年は、しぐさで何か食べ物が欲しいと訴えたそうです。

その少年はそれまで、何をしてあげても何を話しかけても、まったく反応がなかった。何も食べないので、ミルクなどの飲み物を出したり、果物を切ってあげたり、あるいは果物をジュースにしたりすりおろしたりもしてみたが、目をつぶって何も答えず、何も口にしなかった。

もちろん、病気だからこの病院に入院しているわけで、体が不調なために、そのような様子であることは間違いない。しかし、自分としては「拒否」をされているように感じ、無力感にうちひしがれていた。その少年が「何か食べたい」というような意思表示を、初めて見せた。

その女子学生は戸惑い、そして腹が立ったそうです。それまでまったく無視されていたのに、こんな帰る間際の時間になって、何か食べたいといわれた。でも、介護のために来ているのだから仕方がないと、重湯を作って食べさせることにした。

重湯をスプーンにのせて口に運ぶと、少年は重湯を口にふくみ、食べた。食べ終わると両手を合わせて、「ありがとう」と言った。この「ありがとう」は、日本語の「ありがとう」だったと思います。

その瞬間、照明のない病室が急に明るくなり、それまで暗かった部屋の隅々までが見えるようになった。気のせいかと思ったが、明らかに、今まで見えにくかったところが見えるようになった——。

その少年は、次の日に亡くなったそうです。最後の最後におなかがすいていたのだが、病状が悪く声も出せなかった。だから、決して自分のことを嫌っていたのではなかったと気づいて救いになった、とそのレポートは結ばれていたそうです。

このレポートを読んだ大学教授は、ずっと無視されていた少年と心が通い合ったことで女子学生が明るい気持ちになり、そのせいで病室が「明るく見えた」ような気になったのだろう、と思い、それほど気にとめませんでした。

翌年、その大学教授はまた別の学生を連れてマザー・テレサの病院に行きました。そうしたら、今度は「人手が足りない」ということで、自分も介護をすることになったそうです。

担当させられたのは、中・高年の患者が入っている部屋でした。

ある夕方、一日が終わるころに、教授は疲れ果てて部屋を出ようとしていました。日が暮れかけて部屋の中は暗くてほとんどわからず、廊下に一番近いベッドのところだけが外からの光でようやく見える程度。

そのとき、一番手前の、廊下側に近い老人が手招きしているのが、かすかにわかったそうです。「何か食べたい」ということのようでした。すでに帰りかけている教授にはしんどいことだったようですが、彼は重湯をスプーンにのせ、老人の口に運びました。病室はもう完全に暗くなっていました。

それを食べた老人は、先の女子学生が介護していた少年と同じように、ニコッと笑って、「ありがとう」と言ったのだそうです（たぶん、日本語で言ったのだと思うのですが）。

その瞬間、やはり不思議なことが起こりました。照明のない部屋にボーッと光が広がり、部屋の隅々までかすかに見えるようになったのです。

そうしたら、部屋の奥のほうで、おいしそうなにおいに誘われたのでしょう、同じように「何か食べたい」とジェスチャーをしている患者の姿が、次々に目に入ってきました。それまでは確かに見えなかった、十数人の人たち全員の様子が見えるようになった。

だから、それが「気のせい」ではない、と確信しました。前年、生徒が書いたレポートを「気のせい」だろうと思って気にもとめなかった大学教授の身に、まったく同じ現象が起きたのでした。

これは、私の友人がこの教授から直接聞いた話です。


ニコッと笑ったからなのか、「ありがとう」と言ったからなのか、どちらなのかはわかりません。ともかく、感謝の気持ちが相手に通じて、同じ思いを共有したときに、その人たちの空間がボーッと光るらしい。それを上空から見ると、チカッ、チカッと閃光が走っているように見えるのです。

家でも、奥さんにお茶をいれてもらったら「ありがとう」、子供に新聞を持ってきてもらったら「ありがとう」と言う。そう言われた奥さんや子供がうれしいという気持ちになったときに、その場所は光っている。

そんな光を、一生のうちに何度ともすことができるか。ある人は何十回、ある人は何百回。人によっては何千回、何万回になるかもしれません。そのような「光の履歴書」を残して、私たちは死んでいく。どうやら、人生というのは、そのために存在しているみたいなのです。

自分も相手も、うれしい、幸せと感じられる場面に満ちている。本当に素晴らしい人生とは、そういうものではないでしょうか。一つでも多く、神さまにも人にも好かれることを実践していくと、本質的な人生（楽しい人生）が待っているようです。

本書の執筆にあたりましては、
弘園社刊「未来の智恵」シリーズ、
宝来社刊「笑顔と元気の玉手箱」シリーズを
参考にさせていただきました。

小林正観（こばやし・せいかん）
一九四八年東京生まれ。中央大学法学部卒。学生時代から人間の潜在能力やＥＳＰ現象、超常現象などに興味を抱き、独自の研究を続ける。ＳＫＰブランドオーナー、作詞家・歌手。心理学博士、教育学博士、社会学博士。二〇一一年永眠
ＳＫＰホームページ
http://www.skp358.com

「そ・わ・か」の法則

二〇〇七年五月一日 初版発行
二〇二〇年十月三十日 第三十一刷発行

著者 小林正観
発行人 植木宣隆
発行所 株式会社 サンマーク出版
東京都新宿区高田馬場二-一六-一一
電話 〇三-五二七二-三一六六
印刷 株式会社暁印刷
製本 村上製本所

ISBN 978-4-7631-9747-4 C0030
ホームページ https://www.sunmark.co.jp